우리의 옛집
초가집이야기

Koreans' Native House
The Story of Thatched Houses

著者 李 一 魯
Written by Lee Il Ro

한국사진문화원

우리의 옛집 **초가집이야기**

2014년 03월 20일 초판인쇄
2014년 03월 24일 초판발행   가격 : 78,000원

사진 및 글	이일로
펴낸 이	조연조
홍보이사	김신일, 박용후
펴낸 곳	한국사진문화원
발행인	조연조
편집 디자인	김정
인쇄	씨앤제이프린팅
사진협찬	양기주, 조연조

판권소유

등록일 : 1984년 11월 22일
등록번호 : 5-491
주소 : 서울특별시 종로구 숭인동 1375번지 미광 B/D 306호
전화 : 02-2266-4848, 02-2277-8787
E-mail : jyj4848@hanmail.net

잘못된 책은 구입처에서 바꾸어 드립니다. 편저자의 허락없이 사진복제 불허.

참고문헌
한국의 전통 초가 (도서출판 재원)
우리 옛집 이야기 (연화당)
한국민족문화대백과사전

초가집이야기
목차

초가집의 역사 ··· 6~12

위인들의 초가집이야기 ································ 63~91

대통령 박정희 생가
대통령 전두환 생가
대통령 김대중 생가
대통령 노무현 생가
의암 주논개 생가
월남 이상재 생가
녹두 전봉준 장군 생가
의암 손병희 생가
만해 한용운 생가
유석 조병옥 박사 생가
열사 유관순 생가
의사 윤봉길 생가
삼봉 정도전 유배지 집
김삿갓 김병연 시인 생가
소설가 김유정 생가
미당 서정주 생가
추기경 김수환 스테파노 생가

한국영화 80년 속의 초가집이야기 ············· 143~179

6.25전쟁 속의 초가집이야기 ······················· 201~245

초가집이야기
발간에 즈음하여…

저자 이일로

역사는 흘러가지만, 기록은 남는다. 특히 사진기록은 사실에 입각한 있는 그대로의 기록을 담고 있어 사진 예술을 기록예술이라 말할 수 있다. 한 장 한 장의 사진이 예술성과 작품성을 인정하면서도 그때그때의 우리들의 삶의 기록으로서도 그 가치는 매우 크다고 할 수 있을 것이다.

이번에 출판하게 되는 "초가집이야기"는 내가 사진을 배워 사진촬영을 해오던 중 초가집에 관심을 두게 된 70년대 초부터 전국을 출장 다니면서 기회 있을 때마다 초가집을 촬영해 온 작품들을 골라 "초가집과 대화"라는 작품집을 출간하고 나서 그 기록성의 가치를 살려 여러 관점에서 보는 초가집에 대한 이야기를 모아서 책을 출간하게 되었다.

우리나라 역사적인 인물들의 생가를 찾아 현재 보존되어 있거나 근래에 복원된 초가집을 촬영하여 기록으로 남겨 초가집에서 잉태된 국가와 민족을 위해 헌신하신 숭고한 애국적인 모습을 후세들에게 상기시키고, 한국영화 속의 초가집도 양기주 작가의 사진 협찬을 받아 수록함으로써 비록 일부분이지만 초가집 앞에서 연기하는 배우들의 모습을 보면서 아름다운 추억을 회상하며, 또한 6·25전쟁을 겪은 초가집 사진을 한국사진문화원으로부터 받아 올림으로써 한정된 장면이지만 6.25 전쟁 속에서도 우리의 삶을 지켜본 초가집을 보면서 오늘의 대한민국발전상에 자부심을 느끼게 한다. 따라서 우리 조상님들이 초가집에서의 생활상과 삶의 지혜를 엿볼 수 있게 되어 매우 만족스럽게 생각한다.

또 초가집에 대한 궁금한 점을 알리기 위하여 여러 문헌을 참고하여 초가집의 역사, 초가집의 종류, 지방별 초가집 특징 등을 기록함으로써 초가집을 이해하는 데 도움을 주고자 한다.

책을 제작하는데 동참하여 협조해준 한국사진문화원 조연조 사장께 감사를 드리며 사진 편집과 디자인해주신 김정님과 영어 번역을 해주신 장성용 씨에게도 감사를 드리며 발간사를 갈음하는 바이다.

2014. 3월

Prologue to Publishing

History drifts by, however, its records are left behind. Especially, photographic images can be said as arts of records, as they hold the truths as they show themselves. Every and each piece of photos should be well recognized with its effects of arts and works. Therefore, it deserves great worth of its own.

Way back in 1970s, I made lots of business trips across the countsides after I learned photography and took interests in thatched roof houses, taking pictures of them at every opportunity and made a collection of them to publish, "The Story with Thatched Houses" This time, I made an effort to seek the values of the genuine photographic records in nature and added stories about those houses harboring the spirit and uniqueness of things Korea countryside. The endeavor I now embodied under the title of "The Stories of Thatched Houses"

I visited houses where our historic figures were born. The houses roofed with thatch are, in now preservation or lately restoration, and I photographed them for the purpose of recordings. The lofty and patriotic contributions of the well-known figures, I believe with all my heart, impregnated from the their thatched roof houses should be reminded. Some photos given by the photographer, Yang, Ki-ju, brings us into the bygone memories in which movie actors and actresses performed in front of thatched roof houses. And Self-pride are felt to see the thatched roof houses that survived the Korea Civil War, with us making reflecting the economic miracles from the wreck and poverty of the War. The photos are contributed by Korea Photo and Culture Institute.

Also, I endeavored to give some help to those who interest in the thatched roof houses, writing their history, kinds of them, and their different features per countryside, by consulting varied references and literatures. My thanks go to Mr. Cho, Yun-jo, president of KPCI, who collaborated to publish this book, Designer Kim Jeoung who edited and designed photos, and Mr. Jang Sung-yong who translated captions.

초가집이야기

초가집의 역사

초가집의 역사는 기록이 미약하여 자세히 알 수 없으나 인류가 생활이 시작할 때부터 시작했다고 생각할 수 있다. 아울러 당시에는 농사의 부산물이 아닌 자연에서 채취하여 억새나 띠 갈대 등을 이용하여 이엉 대신으로 지붕 위에 나뭇가지와 칡넝쿨로 동여매어 바람에 날리지 않게 하였을 것으로 사료(思料)된다.

따라서 가야시대의 여러 가지 집 모양 토기에서 보는 바와 같이 지붕을 띠 풀로 이고 조금 넓은 나무누리개로 누른 다음 나무못으로 고정하거나 긴장대로 다시 눌렀을 것으로 추측되는데 이런 모습은 기와가 지붕 재료로 사용하기 시작했던 삼국 시기 이전까지 일반적이었을 것이다.

구석기시대 사람들은 주로 동굴이나 바위에서 보금자리를 틀었다. 그 후 자연피해를 일정하게 막을 수 있는 초막을 치게 되었다. 사람들이 노동을 통해 집이라는 것을 짓기 시작한 것은 신석기 시대였다. 이 시기에는 집터를 잡고 필요한 재목을 가져다가 손질을 하여 집을 지었다. 모두 깊숙한 움집이나 반움집이었다.

삼국사기와 삼국유사의 기록을 보면 가락국의 김수로왕이 세웠던 가궁(假宮)은 토계(土階)위에 세우고 초가지붕을 이은 것이며 초가지붕의 끝을 가지런히 자르지 않은 소박한 형상이었다.

중국의 기록인 구당서(舊唐書) 열전에는 고구려에 대하여 "고구려인들은 살림집을 반드시 산곡에 짓는데 대부분 이엉을 이어 지붕을 만든다. 다만 부처님을 모신절이나 신묘 왕궁 관부의 집들은 기와를 얹었다. 가난한 백성들의 습속으로 겨울에는 모두들 장갱(長坑 : 구들)을 설치하고 불을 지펴 따뜻하게 난방한다"고 기록하였다. 또한 삼국사기와 삼국유사의 서라벌에 부자들이 살아서 초가가 한 채도 없다고 기록한 것과 고려의 도성에 초가를 모두 없앴다고 한 것은 초가가 존재하고 있었음을 반증한 것으로 여겨진다.

신라의 국력이 한창 뻗어 가던 시절이었을 때의 도읍인 서라벌에는 초가란 한 채도 없었다 한다. 고려 조선조에는 도성 내의 모든 집을 기와로 이도록 하였던 건으로 보인다. 그래서 도성 내에는 기와집이 많았으나 대부분 마을은 큰 기와집을 중심으로 소규모 초가들이 자리 잡고 있는 형태이다. 큰 기와집에는 사대부 토호들이 살며 초가에는 그에 딸린 마름이나 노비들이 살았다. 경주시의 양동마을이나 안동의 하회마을 등에서 그와 같은 것들이 목격되고 있다. 지체가 높거나 살림이 넉넉한 중인들을 제외하고는 대다수 국민들은 역시 초가집을 지어 살아온 것으로 보아 초가집이 우리나라의 대표적인 주거형태라는 것은 틀림없어 보인다.

초가집이 일반 서민의 대표적인 주거 공간이 되었던 것은 초가집이 기와집에 비해 집의 구조가 간편하고 경제적 부담이 없으며 집짓기가 간편하고 농사의 부산물인 볏짚을 이용하여 집을 지을 수 있었기 때문이다.

역사와 전통을 가지고 우리 민족의 의식과 생활을 지배하여 온 초가집이 농촌근대화사업의 일환으로 1971년부터 농촌주택지붕개량사업인 새마을 사업의 시작으로 초가지붕이 슬레이트로 바꾸어지면서 이땅의 모든 초가집은 사라져 갔다. 조상의 지혜가 담긴 수 천년 전통의 초가집은 지금은 민속촌 민속마을 등에서 보전되고 역사적 인물들의 생가 초가집이 복원되어 있는 곳이 여러 곳이 있다.

The Story of Thatched Houses

초가(草家)

볏짚, 갈대, 왕골, 띠, 풀 등을 재료로 이엉을 만들었거나 또는 그 재료를 그대로 이은 지붕으로 된 집, 초가집이라는 말은 원칙적으로 기와집의 상대적인 말로서 우리나라 초가집은 대부분 볏짚을 사용하여 이은 집이다. 초가지붕의 종류는 지붕의 재료, 형태에 따라 분류하여 설명할 수 있다. 지붕의 재료에 따른 분류는 순수 초가와 샛집으로 구분되는데 순수 초가의 볏짚으로 이엉을 엮어 지붕을 한 것이고 샛집은 새로 이어 지붕을 만든 것이다. 지붕에 대를 이은 것은 1~2년에 한 번씩이며, 제주도에서는 나래를 엮지 않고 새를 펴서 그 위에 새끼줄로 그물같이 얽어매어 바람에 날리지 않게 하고 있다. 우리나라 "초가삼간"이라는 말이 예부터 지금까지 내려오고 있는데, 이것은 비교적 가난한 사람이 사는 집이라는 표현으로써 사람이 살 수 있는 최소 단위를 나타내는 말이다.

우리 민족의 의식과 생활을 지배하여 온 초가집이 농촌 근대화 사업으로 지금은 거의 사라지면서 초가지붕이 시멘트 슬레이트로 바뀌고 그 위에 도색을 한 실정이다. 개량주택의 공간구성에서도 전통적인 생활습관이나 가치관을 무시하고 도시형 주택평면을 그대로 옮겨놓은 현실이다. 또한, 울타리와 담장에 대한 고려도 부족하다 하겠다.

앞으로 이러한 여러 가지 단점을 보완하고 초가삼간을 짓고 살아온 전통과 민족성이 결여되지 않은 방안이 강구되어야 할 줄로 안다.

1991. 06. 06 | 부여군 세도면 기동리

Thatch-roofed house

A thatch roof is made of straw, reed, rush, or grass. each of them is used after being bound or itself.
The roof is replace with the new straw every one or two years. The typical thatched roofs seen in the houses of the country in Korea are covered with vines of pumpkins in summer and gourds in autumn. And the thatched roof was used to dry hot peppers after reaping, the yellowish pumpkins were ripening richly. which used to be an emotional scenes in the country. The thatch-roofed houses are vanishing away one by one under the name of rural modernization movement and replaced by the cement ones. I hope a measure should be set for preserving them to maintain the tradition and national identity.

초가집의 종류

일반적 초가집
볏짚으로 지붕을 이은 집을 말한다. 농촌에서는 11월부터 이듬해 1월 중순까지 농한기를 이용하여 매년 한 차례씩 이엉을 엮어 지붕을 덮는다.

샛집(새풀지붕)
보통은 초가집의 범주에 들어가지만, 영동과 영남 지방의 산간지대에서는 샛집을 따로 구분하여 부르기도 한다. 물론 재료가 다를 뿐 아니라 지붕의 모양도 물매가 싸서(경사지게) 전혀 같지 않으며 재료의 채취, 가공 지붕 잇기 등에 노동력이 많이 드는 대신 재료의 수명은 거의 십 년 이상 갈 수 있기 때문에 초가집과 구별된다.

샛집(새풀지붕)

새
억새의 일종으로서 지역에 따라 종류가 조금씩 다르다. 지붕의 재료로 이용된 것은 세골, 왕골을 포함한 골풀, 억새, 띠풀, 갈대 등을 모두 이용한다. 낙동강 하구에서는 갈대로 지붕을 이은 갈집이 많이 분포되어 있었던 것으로 보인다. 특히 제주와 소백산맥 산간지대의 새는 이름 같고 종류가 전혀 다르다.

굴피지붕(굴피집)
굴피집은 태백산맥 등의 산간지대 화전민촌에서 가끔 찾아볼 수 있는 특이한 지붕 재료이다. 투비집이라 부르는 이 굴피집은 참나무 껍질을 벗겨서 지붕을 이은 집을 말한다. 굴피는 큰 참나무를 베어 껍질을 최대한 넓게 떼어내어 차곡차곡 쌓은 다음 무거운 돌로 눌러 평평하게 편 다음 지붕을 덮는다. 특히 참나무 껍질은 고무처럼 탄력이 있으며 잘 썩지 않을 뿐만 아니라 물을 먹지 않고 가볍고 질겨서 수명이 반영구적이라 한다.

굴피지붕(굴피집)

The Story of Thatched Houses

너와지붕(너새집)
너와집은 질 좋은 소나무나 전나무를 길이 60cm, 너비 30cm, 두께 3~5cm 정도되게 도끼로 쪼개 만든 널빤지로 지붕을 이은 집이다. 너와집은 방안에서 하늘의 별을 바라볼 수 있을 만큼 널빤지 사이사이 공간이 많이 떠 있다. 하지만 빗물이 새어들지 않는 것이 너와의 특징이다. 왜냐하면, 건조한 날에는 나무판이 말라 휘어지면서 공간이 생기지만 비가 오게 되면 나무판이 축축해져서 납작하게 서로 달라붙기 때문이다.

돌기와 지붕(너에집)
자연에서 구한 평평하고 납작한 들을 이용하여 지붕을 이은 집이다. 들기와집(청석지붕)은 돌의 무게 때문에 기초를 튼튼히 하고 토담으로 낮게 쌓은 벽체 위에 보와 도리 서까래를 가급적 굵은 나무를 사용하고 서까래를 촘촘히 깔아야 무게를 지탱할 수 있으며 수명은 영구적이다.

죽실집
태백산맥 골짜기에 아주 드물게 분포하는 집이다. 너무 산간이라 벼농사는 물론이고 새도 산출되지 않는 곳에서는 관자나 굴피로 지붕을 이는 너와집이나 굴피집을 짓는 게 일반적이지만 중요하지 않은 곁채는 산에서 많이 나는 산죽 곧 죽실로 지붕을 허이는 경우를 종종 볼 수 있다. 이것은 비가 잘 새기 때문에 진새를 잘 치고 죽실을 두껍게 해 덮는다.

너와지붕(너새집)

귀틀집

억새집

지방별 초가집

남부지방

경상남북도와 전라남도 지방에 분포된 부엌, 방대청, 방이 일자형으로 구성되어 평안도 지방형처럼 일자형이나 기후적 요인으로 대청이 첨가된 것이 특징이다. 남부지방형 초가집은 일자형의 평면 형태가 압도적으로 많이 나타난다. 간잡이는 3칸 또는 4칸 전퇴(前退)집으로 지어졌으며, 간혹 산간 지방에서는 2칸 오두막집(막살이집)도 있다. 이들의 주거 공간에는 큰방, 작은방, 부엌으로 나누어지며, 부엌은 주로 왼쪽(남향집에서는 서쪽, 동향집은 남쪽향)에 두며 큰방과 작은방 앞에는 툇마루를 깔아 사용했다. 그리고 대청이 있는 4칸 집일 경우에는 대청을 남쪽 방향으로 두어 햇볕을 이용하여 따뜻한 방의 역할을 하게 한 것이 특징이며, 지붕의 줄매기는 일자매기를 많이 했다. (길이 단위 한간은; 6자 ; 1.818m, 넓이의 단위는 6자 제곱으로 한간(칸)은 약 한 평 3칸은 약 3평이다.)

북부지방

북부지방의 초가집 형태는 일반적으로 방의 배치가 전(田)자형으로 구성되어 있고, 각 방은 방과 방을 직접 연결하여 통

하도록 하여 복도나 마루가 없는 것이 이 지방 주택의 특징이라 하겠다. 특히 방과 부엌 사이에 있는 정주간(부엌과 안방 사이에 벽 없이 부뚜막과 방바닥이 한데 잇닿는 곳)은 부엌과의 사이에 벽이 없어 주방작업이나 가족들의 식사 또는 휴식장소 등 지금의 거실과 같은 공간으로 사용됐다. 그리고 이와 같은 전(田)자형의 평면 형태는 함경도 지방에서 흔히 볼 수 있으나 평안도 지방에서는 일부에서 가끔 찾아볼 수 있는 독특한 형태이다. 그리고 평안도와 황해도 지방의 경우는 일자형으로 건물을 배치하는 경우가 있다.

중부지방

중부지방의 초가집은 주로 r자형, s자형, a자형의 구조가 있다. 일부 지역에서는 일(一)자형도 분포되어 있으며, 강원 산간 지방에서는 전(田)자형 주거도 가끔 볼 수 있다. 이처럼 다양한 평면 형태는 기후적으로 북부와 남부의 중간 지역에 해당되므로 양 지역의 평면형태가 절충된 형태로 지어진 것으로 생각된다. 중부 형 초가집은 경기도, 강원도, 황해도, 충청도 일부 지역 지방에 분포된 것으로 평안지방형에 대청과 방이 ㄱ자로 붙은 것이 다르다. 중부지방형에는 부엌과 안방이 남향이 됨으로 알조, 일사에 유리하다. 서울 지역에

The Story of Thatched Houses

서는 중부지방형처럼 ㄱ자형으로 성겼으나 부엌이 꺾인 부분에 오고 대청과 건넛방이 양쪽에 나오게 된다. 방위상 대부분 부엌이 동서로 면하게 되어 중부 지방에서는 남향에 면하던 것과 다르다.

서부지방

서부지방은 전라북도 지방과 충청도 일부 지방으로서 남부지방 일자형 3칸 초가집과 거의 비슷하다. 그러나 서부해안 지방의 간잡이는 네 칸 또는 다섯 칸잡이 집이 같이 지어졌다. 네칸 집의 평면은 집 중앙에 주로 마루방을 두고 양쪽에 건넛방과 큰방을 두는 형식인데 이때 부엌은 왼편 머리칸에 두고 머리퇴를 달아 모방이나 정지방을 만들어 사용한 집도 있다. 그리고 툇마루로 된 다섯 칸잡이 집에서는 주로 부엌을 가운데 두고 양쪽에 큰방을 두었으며, 지붕의 줄매기는 서해안 지방에서 가끔 볼 수 있는 마름모 매기의 기법과 일자매기를 주로 했다.

제주지방

제주도는 특이한 기후와 문화를 가지고 있는 섬으로 주택의 평면 형태는 남부나 서부 지방 형태와 비슷한 일자형과 북부 지방의 전자형 초가집이 골고루 분포되어 있다. 제주도 지방은 중앙에 대청인 상방을 두고 좌우에 자녀들 방인 작은 구들과 부모의 방인 큰 구들을 두고 큰 구들 북쪽어 고광을 두어 둘품을 보관한다.

부엌인 정지는 일반적으로 작은 구들 앞쪽에 두는데 취사용 아궁이가 바로 연결되지 않은 것은 기후적 배려임을 알 수 있다. 상방과 큰 구들 앞에는 낭간이라는 툇마루가 붙어 있다. 그리고 따뜻한 지방이면서도 폐쇄적인 공간 구성의 평면형태가 엿보이지만, 각방의 출입문은 대청(상방)에서 각각 연결되고 있는 것이 타지방과 비교되는 점이며, 일부 방에는 온돌이 되어 있지 않은 것이 특색이다. 이는 부엌에 부뚜막 시설이 되어있지 않고 밥 짓기와 난방시설이 구분되어 밥 짓는 솥은 독립된 돌(화덕) 위에 걸쳐 굴뚝 없이 바로 불을 지펴 밥을 짓도록 함으로써 구들과 전혀 상관없이 시설되어 있기 때문이다.

지붕의 재료는 주로 억새의 일종인 새품로 지붕을 이었으며 강한 해풍을 막기 위해 지붕의 일자매기를 육지보다 촘촘히 매는 것이 특징이다.

초가집이야기

지붕의 형태

초가집이 지붕과 벽체가 함께 만들어진 시기의 지붕 형태는 원추형이거나 산개형 또는 탄두형이었고 평면에 따라 타원형이 되기도 했을 것이다. 까치구멍의 지붕은 (경상북도 북부지방에서 몇 채가 남아 있다) 우진각 지붕형이나 용마루 좌우 끝에 구멍을 둥글게 만들었기 때문에 그 윤곽이 마치 소규모의 합각이 이루어진 듯이 보이는데 팔각지붕의 변형으로 생각된다. 이 용마름의 좌우의 구멍 때문에 까치구멍집이라 별명이 생겼는데, 까치구멍으로 집안에 햇볕이 들고, 평면 구성의 폐쇄성으로 인하여 생기는 집안의 혼탁한 공기와 불을 지핀 연기 등을 신속히 밖으로 배출시키기 위해 마련된 환기통이다. 초가지붕의 물매(경사도)는 볏짚 지붕의 경우에는 보통 45~60℃이며 샛집 지붕은 60~65℃ 정도의 경사각을 이루며 지붕(일자형 집)의 종류는 맛배 지붕과 우진각 지붕, 상투지붕 등 세 가지로 나눌 수 있다.

먼저 맛배 지붕은 지붕의 평면이 두 개의 긴 네모 꼴로 이어져서 왈자 모양으로 측면에서 볼 때 ㅅ자 모양이 되는 지붕을 갖게 되며 이와 같은 지붕을 일명 박공지붕이라고 부른다. 맛배 지붕을 더 정확히 말하면 세마루 지붕으로서 밑에서 올려다보면 서까래가 노출된 것이 마치 배 밑창을 보는 것 같다고 해서 붙여진 이름이다.

또 우진각 지붕(네모퉁이의 추녀마루가 동마루에 붙어 있는 지붕)은 지붕의 평면이 사면으로 구성되어 앞, 뒤 두 면은 사다리꼴이 되고 좌, 우면은 삼각형 모양이 된다. 처마 끝은 같은 높이로 가지런히 집을 휘감아 돌므로 비바람에 노출이 적으며 용마루는 다른 형태보다 짧아지기 때문에 격식을 중요하게 생각하지 않는 초가집에서 가장 많이 지어진 지붕의 형태이다.

상투 지붕은 본체에서는 사용하지 않는 지붕 모양으로서 헛간 채, 뒷간, 잿간 등의 지붕구조가 단순한 건축물에서 주로 볼 수 있는 지붕이며 서부지방에서 많이 사용하는 지붕 기술이다.

한편 똬리집이란 형태가 있는데 이것은 지붕의 형태가 또아리 처럼 둥근 모양을 이룬대서 온 것으로 황해도와 경기도 서북지방에 많이 분포한다. (경기도 고양시 일산구 밤가시 마을에 한 채가 보존되고 있다.)

사각지붕

똬리지붕

우리의 옛집
초가집이야기
Koreans´ Native House The Story of Thatched Houses

초가집이야기

1979. 07. 17 | 양구군 양주읍

바쁜 직장 생활에서 강원도 양구 출장길에 나지막한 산 밑 양지 바른 곳에 초가집을 발견하고 촬영하려고 집 가까이 접근하니 마당 절반은 옥수수대를 울타리 삼아 서있고 활짝 열어 젖힌 사립짝 그 집 마당 가운데에 서 있는 개 두마리가 불청객을 보고 한참 짖어대더니 마치 사진작가인 나를 알아보기라도 하는듯 짖지 않고 꼬리를 흔들며 모델이 되어주어, 시골정이 물씬 풍기는 장면을 촬영할 수 있어서 초가을 소슬바람이 무척 시원하고 고맙게 느껴졌다.

Finding the thatch-covered house at the low sunny place on my way to a business trip to Yanggoo, Gangwon-do, I approached it, seeing the half of its yard surrounded with the wall of corn stalks, a dog in the middle of the front yard behind the wide-open twigs-made gate, barking at the stranger for some time, which wagged its tail, as if it knew who I was. It becoming my model, I pressed the camera shutter. The early autumnal breeze felt more cool.

The Story of Thatched Houses

1979. 10. 03 | 훈천군 동면

우리나라 상류층의 초가집은 남자들이 이용하는 사랑채와 여자들의 생활공간인 안채로 나누어지어져 있다. 그리고 각각 그에 딸린 마당과 별도의 부속 공간들을 가지고 있는데, 이 초가집은 전형적인 서민층의 초가집이다.

토담 옆 송판 문 입구에 수수 몇 그루가 심어져 있어 시골 운치가 한껏 더했는데 이때쯤이면 수수의 열매가 여물어 그 무게를 이기지 못하고 고개 숙여 있어야 할텐데 쭉정이를 달고 수수가 수수하게 서있다. 집 뒤에 길게 쌓아놓은 돌담이 집을 지키고 있구나.

Thatch-covered houses upper classes of Korea are divided for the drawing quarters for men and the inner living quarters for women, with each annexed yard and space. The shown is the typical type of the power classes. Some millets are planted at the entrance of the pine board-made gate by the fence, which adds more airs of the country scenery. At this time of the year, the millets are supposed to be neck-bent down, with their fruits ripening pressing them down, but, they are not. The long-arrayed fence guards the thatch-covered country house.

Koreans' Native House | 15

초가집이야기

1980. 06. 02 | 춘천시 동서면 사암리

집 구조로 보아 안채와 사랑채의 구분이 초가집과 기와집으로 되어있다. 하지만 보는 이들은 '안채는 초가집인데 사랑채는 왜 기와집인가?'라는 의문이 들것이다. 그 이유는 처음에는 생활이 어려워 안채와 측간(변소)만 짓고 살다가 생활이 나아져 사랑채는 기와집으로 지었던 것이다. 사랑채 지붕은 기와를 올리면서 안채는 기와를 올리지 않았을까? 아마 안채는 지은 지 오래되어서 지붕 서까래가 기와의 무게를 이기지 못해 집이 내려앉을 우려 때문이다.

From the appearance, the living and drawing quarters are clearly separated by the thatch-covered and the tile-covered houses. Why the former is made from thatch-covered and the latter from tile-covered? The reason : the occupants lived in the thatch-covered house with toil shed in the poor days, but the drawing quarters was built into the tile-covered house, later getting well off. Then, again why, the roof of the inner living quarters could not changed into tile-covering. Because, maybe, its roofing base is too old to sustain the weight of the tiles.

The Story of Thatched Houses

1983. 0. 16 | 홍천군 동면

사진촬영을 전국 여러 곳을 다니다가 다 허물어져 가도록 방치해 놓은 이집을 발견하고 의문이 들어서 촬영을 끝내고 집주인을 찾아 연유를 물었더니 자식들은 다 장성하여 객지로 나가고 노부부가 일손이 부족해 삼년 째 지붕을 얹지 못했다고 한다. 많은 비가 올 때는 방 천정에서 비가 새기도 한다고 한다. 이 작품을 볼 때 마다 사진 촬영의 기록성에 새삼 긍지와 보람을 느낀다.
왜냐하면 지금은 현대화에 밀려 그 흔적을 찾아 볼 수 없기 때문이다. 집나간 자식들 대신 감나무와 느티나무가 집을 지키고 있다.

At the end of the busy day of taking picture, I happened to find the house. After shooting some pictures, I met its owner out of my question, asking why it had not been maintained properly, abandoned as it was shown. The answer was that their children were grown up and left for the city life. The roof had not been replaced with new thatch, said the occupants, the old couple. When in the heavy rain, the roof leaked. Whenever, I see this picture, I come to realize the documentary value of the pictures with self respect and fruition.

초가집이야기

2013. 10. | 낙안민속촌

가을 바람에 하늘은 푸르고 뭉게구름은 솜털 같은데 텃논에 벼가 무게를 이기지 못해 고개를 숙여 인간들에게 겸손할 수록 고개를 숙이라는 교훈을 주는 듯한데 요즘은 보기 드문 초가집 텃논에 벼의 영글음의 의미를 반추하게 하는 사진이다.

The sky being blue with the autumnal wind and cumulus clouds looking like fluffs, the rice plants in the kitchen rice paddy seen rarely these days are hung low with their heavy grains, which looks like teaching humans to bow low for more humilities as they should do. It reflects the meaning of ripeness of rice.

The Story of Thatched Houses

1981. 10. 10 | 홍천군 동면

현대판 전원주택이 아닐까 싶을 정도로 좋은 곳에 지어진 초가집이다. 뒷문을 열면 소나무와 온갖 잡목들이 숲을 이루고 있고 앞에는 확 트인 논과 밭이 펼쳐져 있기 때문이다. 안채와 사랑채로 지어져 있는데 생활의 편리를 위해 사랑채는 헛간, 외양간, 측간(변소)이 함께 지어져 있다.

해마다 가을이면 새 볏짚으로 지붕을 이으려고 이엉을 엮어 놓은 사이로 주인은 점심을 먹고, 오전에 갈다 남은 논, 밭을 갈려는지 소를 몰고 나오고 있다. 마당 앞에 해마다 감이 너무 많이 열려 주인에게 다 주고 이제는 지쳐 몸통만 서 있는 감나무 모습이 너무도 초라하게 보인다.

This thatch-covered house makes me think that this may be a modem-type pastoral house as it built in the propitious place. because, the pine trees and other trees are forming a forest thru the back door, and rice paddies and fields spread wide-open in the front side. It is divided into the inner quarters and drawing quarters, and for the convenience, the latter is added with barn, stable, and toilet shed.

The owner is walking out after lunch, between the stacks of tied-up thatch prepared for the new roof year after year when the fall season comes. He may go back to the work. The persimmon trees is seen standing tired and shabby after its too many fruits are taken by the house owner.

초가집이야기

1981. 10. 10 | 홍천군 동면

그냥 놔두어도 떨어질 나뭇잎을 무정한 바람은 마구 흔들어 다가오는 내년을 기약하며 지붕 위에 떨어지고 있다.
이 초가집은 벽을 대나무 쪼갠 것이나, 수수대나 지릅대를 엮어서 붙이고 황토 흙을 발라 집을 지었다. 황토 흙은 방에 습기가 많으면 빨아들이고 적으면 뿜어내어 습도를 조절하는 역할을 한다고 한다. 그야말로 우리 조상들의 주거 생활은 오늘에 있어서 웰빙(참살이) 생활이라 아니할 수 없다.

The cold-hearted wind is shaking the tree wildly to tear off its leaves on the roof which falls any moment, longing for the next year to come. This thatch-covered house is made from the split bamboo wall attached with weaved millets masened by ocher mud. The ocher mud is known for controlling the hemidity by sucking it in when it is dense in the room and releasing shen small. So much so that, it played an well-being today role for the housing life of Korean ancestors.

The Story of Thatched Houses

1981. 10. 10 | 홍천군 동면

우리나라 주거문화 형태에서 옛날이나 지금이나 (현재는 없음) 보기 드문 ㄱ형 초가집이다. 들어가는 입구는 좁은데 안은 어느 정도 넓어 생활하는데 편리하게 지어져 있다. 가을 추수가 끝나고 곡식들을 갈무리하면서 객지에 사는 아들, 딸네 줄 것들을 따로 따로 분리하고 있는 듯한 한 아낙의 손길이 바쁘기만 한데 그래도 행복해 보인다.

This shape of thatch-covered house is rarely seen today. The entrance is narrow, while the inner circle is rather large, which makes living somewhat convenient. A woman is seen busy doing something as if preparing for what she gives to her children living far away in the city. She looks happy as the harvest ended.

Koreans' Native House | 21

초가집이야기

1980. 01. 06 | 홍천군 남면

늦가을이다. 첫눈이 나풀나풀 머리 풀고 내려와 군불 때는 할머니의 등 위에 내려앉는다. 이제 처마 밑에 멍석은 제 할 일을 다 하고 벽에 기대어 서 있으며, 가로지른 통나무 위에 밭매던 호밋자루가 봄이 되어 찾아줄 주인의 손길을 기다리고 있다.
'군불을 때어 방구들이 달궈지면 오늘 밤은 따뜻하게 잠을 잘 수 있겠지. 영감님과 함께…'

It is late autumn. The first snow is falling on the back of an old grandma who is making a fire for heating the room. The straw mat used in the summer days is leaning against the wall against the overhang, and the hoe hanging across the wooden bar is waiting for the hand of its owner who will use it in spring. She would enjoy the warmness on the floor of the room with her old man tonight, I hope…

The Story of Thatched Houses

문학과 회화는 자기가 경험하고 느낀 것을 구상하여 각각 글로 쓰고 붓으로 그려 작품을 만들 수 있지만, 사진은 순간 포착을 앵글로 담아 그것을 기록하는 것으로써 일명 영상(映像) 언어라고 하기도 한다. 그것을 잘 말해 주려는 듯 지붕 위에 간밤에 내린 눈이 햇빛을 받아 녹아내리다 찬 바람을 만나 처마 밑에 고드름으로 달려 있는데 유독 하나만이 길게 늘어져 있다.
"고드름, 고드름 수정 고드름, 고드름 따다가 발을 엮어서…"

Literature and paintings can be transformed ito work each, by writing and painting with brush, photography, however, records a momentary capture in the camera angle, as it is called image language. As if explaining its character well, the snow fallen last night is melting down in the sunshine.
One exceptional long icicle among others is hanging low under the eaves. Ut reminds me of a song : "Icicle, icicle, crystal icicle, picking an icicle to weave a shade…"

1980. 11. 03 | 충북 제천시 반운면

초가집이야기

1980. 01. 27 | 춘성군 사북면 오탄2리

귀틀집 : 통나무를 정자형(井字形) 모양으로 귀를 맞추어 쌓아 올려서 벽을 만들고 그 위에 너와, 굴피, 화피 등으로 지붕을 이은집. 평안남도에서는 방틀집 또는 목채집, 평안북도 강계지방에서는 틀목집, 강원도 지방에서는 틀방집, 울릉도 역시 틀방집 또는 틀막집 등의 이름으로 불린다.

조사자료에 의하면 1920년대 후 귀틀집은 화전 경작지에 주로 분토되어 있는 것으로 나타나고 있으며, 지역적으로는 산림이 풍부한 북부지역에 많이 분포되어 있었고, 중부지방은 태백산맥을 중심으로 한 강원도 산간지방에 주로 분포되어 있으며, 남부지방에서는 지리산을 중심으로 한 소백산맥의 일부에서와 울릉도 지방에서 발견되었다. 따라서 귀틀집은 산림지역이 많은 중부 이북에 많이 분포되었음을 알 수 있으며, 현재는 많이 없어지고 울릉도, 소백산맥 등 강원도 일부 지방에 약간 남아 있다.

A house, called guiteul-jip(house), whose roof is weaved with thin stones and oak bark on the wall stacked with logs arrayed at the corner all together in the shape of #, It is variously called according to the each province in Korea. Data : After 1920s, This king of house is seen mainly in the slash and burn fields in the forest-rich northern area, therefore largely in the upper part of Cental Korea. Nowadays, most of them disappeared, except for Eleung iland, and some area of Gangwon province.

The Story of Thatched Houses

1980. 01. 27 | 춘성군 사북면 오탄2리

세월이 흘러 바빠 살다 보니 이 사진을 찍은 지도 어언 30년이 훌쩍 지났다. 그런데 이 사진을 보니 전체적인 장면이 현대판 황토집을 만들어 놓은 것 같아 의미 있는 기록사진이 아닐 수 없다. 우리나라 사람들이 건강하게 오래오래 살려는 욕구와 상업주의가 같이 맞물려 이곳저곳 황토방들이 지어지고 있는데, 단순히 황토 벽돌과 모든 것이 자연 소재로서 어디 하나 인위적으로 지어진 것은 없다. 특히 황토로 된 구들의 의미와 효과를 알아야 할 것이다. 밥을 지으며 나는 연기가 훈훈한 인심을 말해 주는듯하다.

30 or 40 years has passed in my busy life since these pictures had been taken. Looking at them closely, I found them to be meaningful documentary photos as seen of those modern-type ocher mud rooms. In many places in Korea, the orcher mud-made rooms are often in sight for the desire of long living and commercialism. Those simply made with the orcher mud doesn't give effects. As seen in the picture, all materials used in the build of the houses shpuld be free from man-made ones. The smoke coming out seems to tell that rice is being cooked now together with warm emotions.

초가집이야기

1980. 01. 27 | 춘성군 사북면 오탄2리

귀틀집을 지을 때 짜는 통나무는 지름 15~20cm의 것을 많이 사용한다. 또한, 통나무 양 끝에 홈을 내어 접합하고 하나는 위턱을 만들어서 덮어 끼울 때 십자형(十字形)으로 결구 된다.
네 귀퉁이에 이것을 결구하면 벽체는 정자형으로 구성된다. 통나무는 울퉁불퉁하여 상하 재목이 틈새 없이 밀착되지 못하므로 통나무 사이의 틈을 진흙으로 안팎에서 메워 바람을 막는다. 귀틀집은 풍부한 목재기를 이용한 정교한 기술이다. 도구없이 튼튼한 집을 지을 수 있다는 장점으로 인하여, 산간지대의 화전민들 사이에 많이 짓고 살아왔는데 지금은 현대화에 밀려 옛 모습 그대로는 거의 찾아볼 수 없다.
비록 다 허물어져 가는 집에 살지만, 밥을 하는지, 국을 끓이는 것인지, 감자나 고구마를 삶는지 나무로 된 굴뚝에서 연기가 하늘거린다.

The logs 15~20cm in diameter are largely used for building guiteul-jip(house). Holes are cut at the both end of the logs and joined together to make them one by one in the shape of cross. Four corners are combined with these logs to make them the wall in the # shape, Logs are not smooth, so they are not sealed tightly. The every gap is stuffed with mud to block the wind. With the merit of building them without specific tools, those living in the slash and burn fields prefered this type of houses. It is hardly seen these days, falling modernization.

The Story of Thatched Houses

1983. 10. 16 | 홍천군 동면

겨울을 대비해 마당 한가운데 소나무 땔감이 가득 쌓여 있다. 그 옆에 영감, 할멈이 디딜방아를 찧는데 콧수염을 기른 영감이 사진 찍는 나를 보고 방아를 찧는 둥 마는 둥 힘을 쓰지 않고 있어, 할머니 표정이 사뭇 불만스러워 보이는데 나 또한 할아버지 허리에 나불대는 무명천 띠가 눈에 들어와 웃음을 꾹 참고 셔터를 눌러 참으로 귀한 사진 자료를 얻을 수 있었다. 요즘 젊은이들은 천으로 된 허리띠의 의미를 아는지? 아마 모를 거다.

Preparing for the bitter cold winter, the fire woods are stacked high in the middle of yard. The old couple is working on the treading mill. The mustached old man is posing at me while the old woman looks somewhat nervous. I tried to stop laughing to see the cotton cloth belt worn on his waist, before pressing on the shutter. This is a valuable picture. I wonder if the youth now a days

초가집이야기

1979. 10. 22 | 춘천시 우두동

가을은 모든 것을 다 주고 떠나는 계절이다. 초가집 앞에 지푸라기 검부적이 널브러져 있는 곳에 암소가 자기 새끼 젖을 만들기 위해 여물을 먹고 있는 모습을 보는 송아지의 표정이 매우 진지하다. 여름에 젖빛, 분홍, 흰빛 꽃을 피워 다래를 맺게하고 그 속에서 하얀 솜을 만들어 무명옷을 짜 입을 수 있도록 다 주고 그 잔해들 만 남은 목화대가 햇볕에 말라가고 있다.
결국엔 땔감으로 자기의 일생을 마치는 목화의 삶이 숭고한 만큼 어린소를 기르는 어미소 역시 그렇지 않을까 싶다.

It looks as if fall is fading away, giving up all. In the yard of straws littering, a cow is eating chaff to make milk to feed its calf whose eyes are seriously looking at its mother cow. The remains of cotton stalk, blooming in milky, pink, and whiter color in the summer, are drying in the sun after its white cotton wool was taken to human. The life of cotton stalk ends up fire wood, as much as the life of the cow, I wonder.

The Story of Thatched Houses

2013. 05. 10 | 낙안민속마을

어린 시절을 시골에서 살았던 사람들은 비좁은 방에서 식구끼리 서로 부대끼며 궁색한 생활이었으나 그래도 마음만은 편했던 가족들의 우애의 세월이 좋았던 것을 기억할 것이다. 이제는 어린 시절의 그 고향 따사한 인심 어린 초가집을 영영 볼 수 없는 것을 누구나 안타깝게 느낄 것이다. (낙안민속촌)

For those who were raised in te countryside when young, it wiii be in their vivid memory in which family members were closely interacted in a small compact rooms in needy circumstances, but, in the brotherly affections, .Alas, those good old days already gone by. (Village of Nakan folk castle)

Koreans' Native House | 29

초가집이야기

1979. 10. 03 | 홍천군 동면

뿌리에 거름이 부족했는지 박 잎새는 누렇게 그 수명을 다 한듯 한데 그래도 가느다란 줄기에 매달린 박 삼형제! 이것이 농촌 마을 초가집에서 흔히 볼 수 있었던 풍경이다.
뒷뜰에 옥수수 한 그루는 멀대처럼 키만 커 옥수수는 한 개만 달려 있고, 고개숙인 수수는 땅에 닿을 듯 한데.
머리에 수건을 쓰고 옥수수 잎새를 인 처녀의 수줍어 하는 모습이 단아하게만 보였다. 그녀도 이제는 가정을 이루고, 아들, 딸 낳고 행복하게 살아가고 있겠지?

The life of gourd leaves looks running out, its root short of nutriment, and the three gourds hanging on the thin stalk!. It is a common scene around thatch-covered houses in the country. In this back yard, a corn stalk stands high, looking strange with only one fruit, and the bending stalk is almost touching the ground. A shy maid looks darn and neat with towel on her head. I wonder if she makes a sweer home with her offspring?

30 | 우리의 옛집

The Story of Thatched Houses

1980. 01. 06 홍천군 홍천읍

콩, 팥이나 벼와 보리를 주식으로 하는 우리 조상들은 노적가리를 만들어 그것들을 속에 넣고 바람이 잘 통하여 변질하지 않도록 관리하는 선조들의 지혜가 석양의 노을빛처럼 돋보인다.

Beans, red beans, rice, and barely were the staple food for our ancestors. They kept them from going bad, by making this shown stack of crops, allowing enough ventilation. Their wisdom is standing out like the twilight in the sunset.

초가집이야기

1979. 08. 31 | 평창군 대화면

산 밑에 너덧 가옥되는 한가로운 농촌 마을인데, 그중에서 제일 잘 사는 듯한 집 할아버지가 추석이 가까워지는 무렵에 햇빛이 잘 드는 곳에서 문짝을 떼다가 창호지를 바른 다음 잘 말랐는지 확인하고 있다.
벼가 잘 자라 누렇게 익어가고 있으며, 수로(水路) 양쪽으로 갈대가 무성하게 자라고 있는 농촌 문전옥답의 표본이다.
(뒷산 능선에서 빗물이 골짜기로 흘러 내려와 산등성이와 골짜기를 마구 할퀴어 놓아 많은 비가 오면 산사태의 위험이 있어 조금은 불안해 보이는데, 여기에 따른 대비가 있어야 하지 않을까 싶다.)

In a leisurely village of several houses at the foot of a mountain, It is a sunny place and a grandma from a house looking best will off among them is checking the door if it is well dried after applying a new paper on it. The rice plants are well being ripen yellowish, and reeds along the both side of waterway is rich, whice is a typical scene of the best rice p;addy. (As seen in back mountain of the house, its surface is scratched off here and there. A heavy rain would cause a landslide. I wonder residents there have a countermeasure.)

The Story of Thatched Houses

1980. 10. 01 | 춘천시 우두동

우리나라 주거 형태는 혈연들이 모여 한 지역에 집을 짓고 살았는데 이 초가집은 마을에서 조금 떨어진 곳에 지어져 있다. 대게 이런 경우는 생활이 어려워 마을에 집 지을 땅을 구하지 못해서이다. 지금은 근검절약하여 열심히 일한 덕분에 제법 살만하게 된듯하다. 이 집의 특이 한점은 사립문이 없다. 그런데 울타리에 호박이 익어가고 있으며, 집 주변에 밤나무가 열매를 맺어 익어가고 있는 것과 초가집을 앵글에 넣어 한껏 예술적으로 승화시켰음은 사진작가만이 할 수 있는 일이 아닐런지….

In Korea, people tend to live in a same place with the same blood. This thatch-covered house is some far away from the village. largely because, the it is hard to have a land on which to build a house, because of a poor living. It looks somewhat well off from a hard working in thrift and diligence. There is no brushwood gate which is unique. A pumpkin is being ripen on the fence and a chestnut tree is bearing some fruits. To try to put these both scenes in a camera angle is a work that a photographer can only gain….

Koreans' Native House | 33

초가집이야기

1980. 10. 01 | 춘천시 우두동

고요한 초가집 앞뜰에 접시꽃이 피어 있고 금방이라도 떨어질 듯한 알밤이 세월의 무게를 안고 울타리 아닌 울타리가 되어 가을이 오고 있음을 알리고 있어 올해는 분명 풍년이 들것 같다. 푸른 하늘을 머리에 인 초가집 마당엔 빨간 고추가 널려 있어 한층 계절의 아름다움을 느끼게 하고 있다.

A hollyhock is blooming in the front yard of a thatch-covered house and shelled chestnuts on the verge of falling off forms a natural fence, carrying a weight of time and tide, which heralds autumn with a good harvest is not far away. The red peppers anr spread on the yard, which adds the seasonal beauty.

The Story of Thatched Houses

1981. 10. 01 | 홍천군 동면

강원도 하면 옥수수와 감자가 많이 생산되는 곳이다. 식량이 많이 부족했던 시절에는 옥수수를 주식으로 먹다시피 하였지만, 지금은 간식거리나 일부 가축 사료로 이용하고 있으니 참으로 격세지감(隔世之感)이 아닐 수 없다. 옥수수를 수확하여 기둥을 세워 말리는 앞에 투구 쓴(양봉 벌통) 병사가 지키는 것 같아 보는 사람으로 하여금 미소 짓게 하고 있다.

In a leisurely village of several houses at the foot of a mountain, It is a sunny place and a grandma from a house looking best well off among them is checking the door if it is well dried after applying a new paper on it. The rice plants are well being ripen yellowish, and reeds along the both side of waterway is rich, which is a typical scene of the best rice paddy. (As seen in back mountain of the house, its surface is scratched off here and there. A heavy rain would cause a landslide. I wonder residents there have a countermeasure.)

초가집이야기

1979. 10. 03 | 홍천군 동면

가을은 결실의 계절이며 또한 모든 것을 다 주고 떠나는 계절이다. 헛간 초가지붕 위에 박넝쿨은 다 사라지고 열매만 주렁주렁 열려 있는 옆에 고추가 널려 있다. 멍석에 수확한 옥수수를 널 마지막 사위어 가는 햇볕에 옥수수 낱알들이 잘 마르도록 손질하는 아낙네의 모습이 지난날 우리네 농촌 삶의 한 단면을 보여 주고 있다. 옥수수로 가래를 만들로 세워 놓은 것 또한 인상적이다.

Autumn is a fruitful season that goes, leaving us everything. The peppers are spread beside the barn with gourds hanging in full bearing. An woman is taking good care of corns on the straw mat in the waning sun which is a typical scene of the country. The corn stalks are stands impressively hanging on the crossed poles.

The Story of Thatched Houses

1979. 10. 03 | 홍천군 동면

푸른 하늘 흰 구름 떠도는 곳에 조락(凋落)의 슬픔을 안고 밤나무의 잎이 떨어지려는 모습과 몇 년 동안 이엉을 하 얹지 않은 퇴락한 지붕이 서로 대비되어 이 집의 생활이 넉넉해 보이지 않는다. 하지만 옥수수를 수확하여 여섯 덩어리로 처마 밑에 매달아 놓은 것을 보니 6남매가 이 집을 지켜주는 것 같아 흐뭇했다. 지붕에 오르내리는 사다리가 이엉을 얹으려는 주인을 기다리고 있는 듯하다.

The leaves of the chestnut tree under the white clouds in the blue sky are ready to fall is contrast with the some-year old discolored thatch roof shows that the people living in the house is in poverty. I felt happy to see the 6 bundles of corn hanging under the overhang, as if the six children of the house take care of it. The ladder leaning against the roof looks waiting for the owner who repairs the roof

Koreans' Native House | 37

초가집이야기

1981. 10. 06 | 홍천군 동면

멍석 대용으로 부직포 천위에 벼를 말리면서, 벼가 잘 마르도록 위아래 고무대로 당그레질을 하고 있다. 몇 대가 살았는지 집이 한쪽으로 기울고 있는데 뜰방과 마루에 벼 포대가 쌓여 있는 걸로 보아 올가을 추수는 꽤 잘한 것 같구나.

The man is spreading the grains up and down on the large nonwoven fabric cloth replaced cloth replaced for a natural straw mat to dry well them. To see the house is leaning aside, i thought some generations of his ancestors have dwelled in this thatch-covered house, several sacks of unhulled rie on the wooden floor and in front shows good cropping for the fall.

The Story of Thatched Houses

1980. 06. 02 | 춘천시 동면 지내리

경기도 이남에서는 소 두 마리를 이용해 논이나 밭갈이하는 경우는 거의 없는데, 강원도 농토는 땅이 대부분 돌과 자갈이 많고 기름지지 않아 소 두 마리를 이용해 쟁기질하는 경우가 있다. 그런데 쟁기질도 요령이 필요하다. 이유는 너무 깊이 갈면 밑의 생흙이 위로 올라와 농사를 짓기에 부적당할 수 있고 너무 낮게 갈아엎어도 흙의 순환이 잘되지 않아 산소가 통하지 않는 단점이 있기 때문이다.
모내기하기 위해 논에 물을 대고 써레질을 하고 있는 모습이 두 마리로 하기 때문에 많이 힘들어 보이지는 않는다.

It is hard to see in the southern part of Guynggi-do that the plowing the ride paddy or fields is doing with 2 cows, but, in the area of Gangwon-do, it is a common scene because the rice paddy is not fertile and the fields are rough and stony. The plowing needs a skillful technique. If digging is too deep in the ground. the raw soil beneath is picked up to the top soil, which is not good for farming, if too low, the ventilation of the soil is poor, resulting in bad circulation of oxygen. The irrigating and plowing is not seen difficult, with the help of 2 cow.

초가집이야기

초가집 뒤 야산에 우뚝 솟은 나무에 수십 개의 둥지를 튼 왜가리 : 백로 황새목 백로과의 새로 전체 길이 약 95cm 등은 청회색으로 머리 목부분과 아래쪽 대부분은 희고 눈의 뒤쪽과 긴 학깃은 검다. 칼깃 가슴 배도 검다. 큰 백로의 일종인데 때로는 두루미로 잘못보는 경우도 있다.

왜가리는 황새목 백로과에 속하는 새를 총칭한다. 사자는 아주 험한 낭 떨어지기에 자기 새끼를 떨어뜨려 호된 훈련을 시킨다 한다. 그런데 왜가리나 백로는 나무 둥지에서 키우면서 밑으로 떨어진 새끼를 둥지 위로 물어 올리지 않고 그대로 죽게 놔둔다 한다.

이유는 잘 모르지만 어쩌면 새끼 때부터 조심성 없는 행동으로 자식 노릇 못할바에야 일찍 죽는 것이 옳다고 생각한지도 모른다. 지금은 전국적으로 서식지가 매우 드물다. 아울러 뜻있는 사람들이 보호하고 있는 것이 다행이라 하겠다. 왜냐하면 이 새들의 나무 밑은 배설물이 산성으로 모든 식물이 말라 죽기 때문에 사람들이 집 주변데 서식하고 있는 것을 싫어하기 때문이다.

Herons shich built their nets on a tall tree on the hilock of a thatch-covered house. They are white herons belonging to stork. Its full length is about 95cm, the back is bluish grey, head, neck, and the lower part art black. They are sometimes confused with crane. Lions are said to train their cubs harshly down a cliff. likewise, herons are known for leaving their baby birds dying after falling down trees. Maybe, they want to tame to be careful from the early days.

Their inhabitation is decreased these day country-wide. Because people don't like them, as its wastes are of acid to cause plants to wither to die.

1980. 04. 30 | 원주시 두미리(학마을)

▶ 왜가리

The Story of Thatched Houses

1980. 10. 01 | 춘천시 우두동

우리의 초가집으로는 독특한 모양으로 지어졌다. 활대처럼 둥그스름하게 지어져있으며 마루 또한 그렇다. 마당에서 고추 말리는 할머니의 모습을 보는 할아버지 모습이 너무 진지해서 한 컷 찰칵…
세상을 살아가면서 부부간에 아무 대과없이 이렇게 아들, 딸 낳고 시집 장가보내고 부부가 아름다운 노년을 함께 보낼 수 있다는 것은 요즘처럼 헤어지고 만남이 잦은 세태에서 시사하는 바가 많다 하겠다.

This is a unique thatch-covered house. It is built in a curve like a bow, so does the wooden floor. A shot was clicked… as the look of the old man is intense seeing her wife. Seeing that the old couple spend a good peaceful life for the beautiful life, after giving birth to their children and marrying them off. Which, I think, means a lot, in the present days of frequent breaking up among couples

Koreans' Native House | 41

초가집이야기

1980. 10. 01 | 춘천시 우두동

언덕에는 소나무들이 서 있는 아래 깨단들이 마르기를 기다리며 세워져 있고 텃밭에서 수확한 고추를 멍석에 널어 놓고, 주인 없는 허름한 초가집 문기둥에 하얀 문패가 주인 대신 집을 지키고 있다. 문패란 주소 성명을 적어 문에 다는 패로 주소를 쓰는 것이 원칙이나 옛날에는 지번을 부여하는 제도가 없었으므로 숫자로 주소를 표시할 수 없었다. 그리고 지금처럼 문패의 필요성이 절실하지 않았기 때문에 문패 달기를 권장하지도 않았다.

With pine trees standing on the hill, and gingili plants standing for drying, the harvested peppers spread on the straw mat, a white nameplate keeps the hut for its owner. The nameplate which is hung on the gate says name and address. But there was no address in numbers like these days. In those old days, they are not encouraged to be hung in place as they didn't need.

The Story of Thatched Houses

1979. 08. 19 | 춘성군 서면 금산리

봄이 가고 여름이 오고, 가는가 싶더니 어느덧 가을이 되어, 촬영 대상을 찾아 맑은 가을 하늘 공기를 마시며 이곳저곳을 배회하다가 허름한 초가집 마당에서 고구마 순인지 토란대 인지를 말리는 할머니 뒤에서 소가 그것을 먹고 싶어하는 모습을 보고 사진을 찍었다. 멍석에 널어 놓은 채소들을 먹고 싶지만 메어있는 신세(?)라서 혹시 다른 먹을 것이라도 주지 않을까 물끄러미 바라보는 소의 모습. 그래도 이 집은 평온해 보인다.

In the fast changing time when spring is gone and summer is coming before I knew it, finally autumn arrived. I roamed over here and there, breathing in the clear air under the clear autumnal sky, looking for materials, I could find this scene. A cow is intensely looking at those looking like sweet potato sprout or taro stalk behind a grandma drying them in the shabby yard of a thatch-roofing house. The cow looks dying for eating them. The cow, though bridled, expect her to give something else for it. maybe?

초가집이야기

1979. 08. 19 | 춘성군 서면 금산리

조금은 쑥스럽고 미안하였지만, 세월이 이만치 흐른 다음 인화하여 보니 웃음이 나오는 추억이 담긴 작품이 되었다. 소는 약 280~285일간의 임신기간을 걸쳐 출산하여 3~5개월의 젖 먹이기 기간을 지난 뒤 사료를 먹기 시작하여 어느 정도 자라면 코를 뚫어 코뚜레로 소의 행동을 조정하여 사육하고 농가 일을 돕는 일을 했는데 이제는 트렉터의 발명과 이용으로 거의 고기를 인간들이 먹기 위해 사육되고 있는 현실이다. 또한, 수입 쇠고기 파동으로 한우의 진가가 새롭게 평가된다.
널어 놓은 곡식을 함부로 먹고 있으니 주인이 돌아오면 혼쭐나겠다.

Seeing this picture, I an sorry for my self, because it wasn't developed until today, funny but, a full of memory. A cow carry a preiod of 280~285 days. A calf has 3~5 month lactation lactation period before starting to eat fodder. And a nose ring is hung after a certain period of growing up in order to control it for behaving and plowing, etc. But the realty at present time is that they are bred mostly for meat because of the appearance fo tractors. The value of Korean cows is newly evaluated because of the turmoil from the imported beef. This cow would get a hard time from its owner because of the turmoil from the imported beef. This cow would get a hard time from its owner because it eats the grains on the straw mat which is for the family.

The Story of Thatched Houses

1980. 06. 02 | 춘성군 사북면 리암리

신이 주는 자연의 축복으로 삼라만상이 소생하는 봄이 오는 길목에서 비탈진 산골짜기의 다랑이 논에 물을 받아 벼를 심으려고 부부가 삽으로 논두렁에 흙을 붙이고 있다.
초가집 앞뒤가 다랑이 논으로 아주 특이한 형태이다. 지금은 시골 논들이 대부분이 경지 정리가 되어 반듯반듯하게 되어 있지만, 옛날에는 장비 부족으로 비탈진 곳을 계단식으로 땅을 골라 농경지를 만들었다.
지금은 다랑이 논은 거의 다 역사 속으로 사라지고 기록(사진)으로 만 볼 수 있다.

At a turn on a road of spring coming in the Godly blessing of all things in nature of reviving, a couple are patching some soil on the levees, using shovels to plant rice plants in the terraced paddy field. The terraced rice paddy is uniquely surrounded on front and back of the thatch-roofed house. Nowadays, most rice paddies are flat and squarely in a well cultivation, but, in old days, this kind of terraced rice paddy were common in the mountainous area. This terraced rice paddy are gone in the historym except in the documentary pictures.

초가집이야기

1979. 08. 31 | 평창군 평창읍

1979. 06. 09 | 황지
너와집 물레방아 ▶

The Story of Thatched Houses

너와집이 지금은 국가에서 정책적으로 보존하고 있는 것을 제외하고는 현대화에 밀려 모두 없어지고 말았다. 너와집은 너와로 지붕을 이는 데 기와처럼 쓰는 재료로써, 널빤지로 쓰는 나무 너와와 켜가 있는 청석판을 쓰는 청석 너와와 두 가지가 있다. 보통은 나무로 만든 것을 너와로 부른다. 너와는 지름 30cm 이상의 나뭇결이 바르고 잘 쪼개지는 적송 또는 전나무 등의 수간에서 밑둥치와 윗부분을 잘라 내 토막을 낸 것을 사용한다. 너와의 크기는 일정하지 않으나 보통 가로 20~30cm, 세로 40~60cm, 두께 4~5cm 정도이다. 너와의 수량을 헤아릴 때 70장을 한 동이라 하는데, 보통 한 칸 넓이의 지붕에는 한 동반 내지 두 동이 소요된다. 너와의 수명은 10~20년 정도 간다고 한다. 그러나 이은 지 2~3년마다 부식된 너와를 빼고 새것으로 교체하여 주어야 한다. 너와집은 화전민 같은 농업에 종사하는 사람들이 주로 밭작물을 재배하기 때문에 지붕을 이을 집이 구하여 새, 겨릅(대), 수수깡, 굴피 등으로 지붕을 이기도 하였지만, 집 근처의 산록에서 쉽게 구할 수 있는 적송, 전나무 등을 쓰기도 하였다.

너와집 내부공간은 대개의 경우 온돌방이지만 지붕 밑에 별도로 고물 반자를 만들고, 나머지 부분인 봉당, 부엌, 마루 등은 삿갓 천장이기 때문에 굴뚝이나 까치구멍으로 미쳐 빠져나가지 못한 연기는 지붕의 너와 틈 사이로 빠져나오게 되므로 밖에서 보면 집 전체가 자욱한 연기로 휩싸여서 나름대로 독특한 경관을 이룬다. 여름은 집안이 시원하고 겨울은 적설기 지붕에 눈이 덮이면 내부 온기가 밖으로 빠져나가지 못하므로 보온효과가 크다. 초가집과 대비시켜 찍었다.

A shingle-roofed house, except for the ones that are preserved by the govermmental policy, are faded out, pushed by the modernization. The shingles that are used for roofing are divided into two kinds, one is made of plank from ordinary trees, and the other of ply. Generally ordinary one is used. The smooth grain and well-split pieces over 30cm in diameter of red pine trees or fir trees, which is cut out from the upper and lower parts are used. The size of shingle is roughly 20~30cm in width, 40~60cm in length, and 4~5cm in thickness. One batch of shingle is 70 pieces, called "Dong" and one and half "Dong" or two "Dong" are needed for covering one pyung. The shingle is said to last for 10~20 years. However, every 2 or 3 years, the corroded shingles should be replaced. The shingleoroofed house is adequate for the slash and burn farmers because that couldn't find straws.

The rooms in the shingle roofed house are floor-heating system, but, beneath the roof, there was a separate pooped ceiling, and the rest area consisted of the unfloored[dirt-floored] area between rooms, kitchen, and wooden floor, which forms a thick fog over the house, seen from the outside. Which is a unique scene. In summer, it is cool, and in winter, when the snow stacks on the roof, the inner warmth cannot go out of the house, giving a good effect of keeping warm inside. The single roofed house in the lover part is well contrast with the thatch-roofed house in the upper part.

초가집이야기

1983. 10. 16 | 홍성군 동면

한국전쟁 때 미군들은 집집마다 자가용들이 있었는데, 우리나라에는 각집마다 지게가 있는 것을 보고 무척 신기하게 생각했다 한다. 사실 지금은 경운기가 보급되면서 지게가 뒤로 밀려나 있지만, 그 이전에는 모든 운반 수단은 지게가 대신하였다. 물건을 지게에 지면 처음은 몸이 별로 힘들지 않지만 길을 가면 갈수록 멜빵이 어깨와 등에 밀착되어 잘 걸어지지 않고 무척 힘이 든다. 우리 조상들은 등에 옹이가 생기도록 등짐 지고 살아 온 세월이 있었기 때문에 우리나라가 오늘에 이르게 되었다고 생각한다. "예수께서는 수고하고 무거운 짐 진 자들아 다 내게로 오라. 내가 너희를 쉬게 하리라." 하셨다.
짚 검불을 한 짐 가득 지고 오고 있는 주인을 보고 황소가 눈인사 하는 듯하며 반갑게 맞이하고 있다. 사실 일 중에서 가장 힘든 것은 지게질하는 일일 것이다. 그것은 경험해본 사람만이 알 수 있다.

During the Korean war, the American soldiers were said to feel very curious to find that every Korean household has an A-frame in contrast with a car owned by every family back home. Presently, motor cultivators replace A-frames, but all transporting were almost done by A-frames. First time when you carry a load on the A-frame, it didn't feel heavy, but, the longer you go, carrying it, the heavier you feel as the shoulder straps got rubbing more against your back. We in modern times owe our ancestors what we are, who endured through the hard times. Jesus said, "Those who bear heavy work and burden, all come to me, I will give you a rest." A cow looks greeting its owner bringing a heap of dried grass, leave, and straws on his A-frame. How hard it is to carry an A-frame cannot feel but the bearer.

The Story of Thatched Houses

1980. 06. 02 | 춘천시 동내면 사암리

지금부터 30~40년 전까지는 농촌에는 기계를 이용해 자동으로 벼를 심는 이양기(트랙터)가 없었기 때문에 논에 모를 심을 때 사람들이 한 포기 한 포기씩(3~4가) 심어야 했다. 일손이 절대적으로 부족하여 학교 학생들은 1주일 정도 농번기 방학을 해 각자의 집 일을 도와주었으며 또한, 직장인들이 하루 이틀씩 동원되어 모내기와 보리 베기 봉사를 했던 때가 있었다. 필자도 KBS 근무 시 직원들과 함께 모내기를 도와주고 했었다. 거머리가 달라붙고 힘 들지만, 도시에서는 닷볼 수 없는 일이기 때문에 매우 의미 있었다.

모심기하는 논배미 이곳저곳 모 다발이 군데군데 놓여 있고 또한 KBS 기가 펄럭이고 있어 무척 현장감이 있어 보인다.

People had to plant a plant(3~4) one by one in the country when there were no tractors about 30 or 40 years ago. Farm hands were absolutely short, so school students were supposed to help their folks' farming, given about one week of vacation in the rice-planting season, also, office workers were mobilized to do rice-planting and barley cutting. I was in a team of KBS staff, helping the rice-planting, sweating a loot, while leeches sticking to mu body, and my waist very painful, but cuckoos were singing in the back heel, and water cocks were also singing a little far away, which gave a lot refreshing feeling with rewarding that couldn't feel in the city life, though in a toil and moil. Sheaves of rice sprouts can be seen here and there, and a KBS flag is lively flapping.

초가집이야기

1981. 09. | 춘천시 우두동

세월이 흐르면서 한 해 두 해 보내고 나이 또한 더해 가면서 가을의 의미와 영글음의 고마움을 조금씩 느끼면서 그 푸르던 잎이 색을 달리할 때 카메라를 메고 이곳저곳 촬영 대상을 찾아다니다가 그것을 발견하고 어떻게 피사체를 앵글에 담아 좋은 작품을 만들까? 하고 고민하다 보면 향긋한 가을바람과 함께 하루가 간다.

초가집 옆에 햇빛이 사과에 영양분을 저장해 주어 빨갛게 색을 더하여 퍽 먹음직스럽고 정감 어린 화면이 되었다.

With time flowing away, I get older year after year. Starting to appreciate the meaning of fall and growing into fruition little by little, in the fading of thick green colors, I feel like carrying my camera on my shoulder for searching for subjects here and there.

Then a day goes away, before I knew it with ther scent of fall breeze. The sunshine beside the thatch-roofed shack fed the apples with nutriment, and they are adding to the red color, which makes my mouth water. A very impressiver emotional scene.

The Story of Thatched Houses

1992. 05. 30 홍천군 서면 마곡리

아파트는 천편일률적으로 지어진 집을 자기 뜻과는 달리 구매하여 사는 경우가 많지만, 초가집은 자기가 구상(설계)하여 집을 짓기 때문에 훨씬 자의적이고 창조적이라 생각한다. 지난날이나 현재에도 참으로 보기 드문 2층 초가집으로써 연구 대상이라 생각한다. 집의 울타리를 경계하여 가족들이 먹을 채소가 풋풋하게 자라고 있다.

Contrast to the modern-type apartment houses which are built against one's will, thatch-roofed houses are designed by owners, and pleased to their desire and more creative. This is a very rare 2 storied thatch-house, an object of research. With the fence separating the house, the vegetables for the family members are growing well off.

초가집이야기

1980. 10. 01 | 춘천시 우두동

◀▶ 목화꽃   목화다래 ▲   ▲ 목화솜

목화(木花) : 아욱과에 속하는 일년생 초본식물, 온대지방에서는 일년생 초본 식물이지만 원산지 열대지방에서는 다년생 목본 식물이다. 꽃은 7월 하순에서 8월 하순에 걸쳐 개화하여 꽃봉오리가 맺히고 난 뒤 꽃이 피기까지는 약 30일이 소요된다. 종자가 커짐에 따라 자방이 발육하여 과실이 되는데 이것을 다래라 한다. 다래가 성숙하여 면모를 노출시킨다.

목화는 문익점이 서정관으로 원나라에 갔다가 귀국할 때 목화 종자를 김룡을 시켜 밭을 지키는 노파의 제지를 무릅쓰고 목화 몇송이를 따서 그 종자를 붓대속에 넣어가지고 와 장인인 정천익과 함께 시험재배를 하였다. 처음에는 재배기술을 잘 몰라 한그루만 살릴 수 있었다. 3년간의 노력끝에 재배에 성공하여 전국에 목화를 퍼지게 하였다. 하지만 씨를 어떻게 뽑을 줄 모르던 중 정천익 집에 머물던 원나라 호승에게 씨를 빼는 씨아와 실을 뽑는 물레 만드는 법을 배워 의복을 짜 서 입도록 하였다.

현재에는 콤바인의 발달로 없어진 탈곡기가 마당(동그라미 안)에 놓여 있다.

Cotton plants : It is a one-year living herb in the temperate zone, belonging to mellow family, but is an woody perennial perennial plant in the tropical zone, its origin. Its upper stem stretched up with about 15 knots, each knot with leaves and 2 double buds. Its flowers starts bloom from the late july to the late October. It needs about 30 days to fully bloom. as its seeds grows, its stock ripens to fruits, which is called cotton balls, which gets bigger to expose wools. In old times, a magistrate named Moon, Ick-jum, brought its seeds secretly hidden in his brush from Won kingdom of China. Through the several times of trial and error, planting with his father-in-law, Jung, Chun-ick for 3years. he finally could succeed in saving only one tree, and spread the technique county-wide. Not knowing how to pull out its threads, fortunately.

A thrasher(in the circle) which has been obsolete now lies in the yard, replaced by combines.

The Story of Thatched Houses

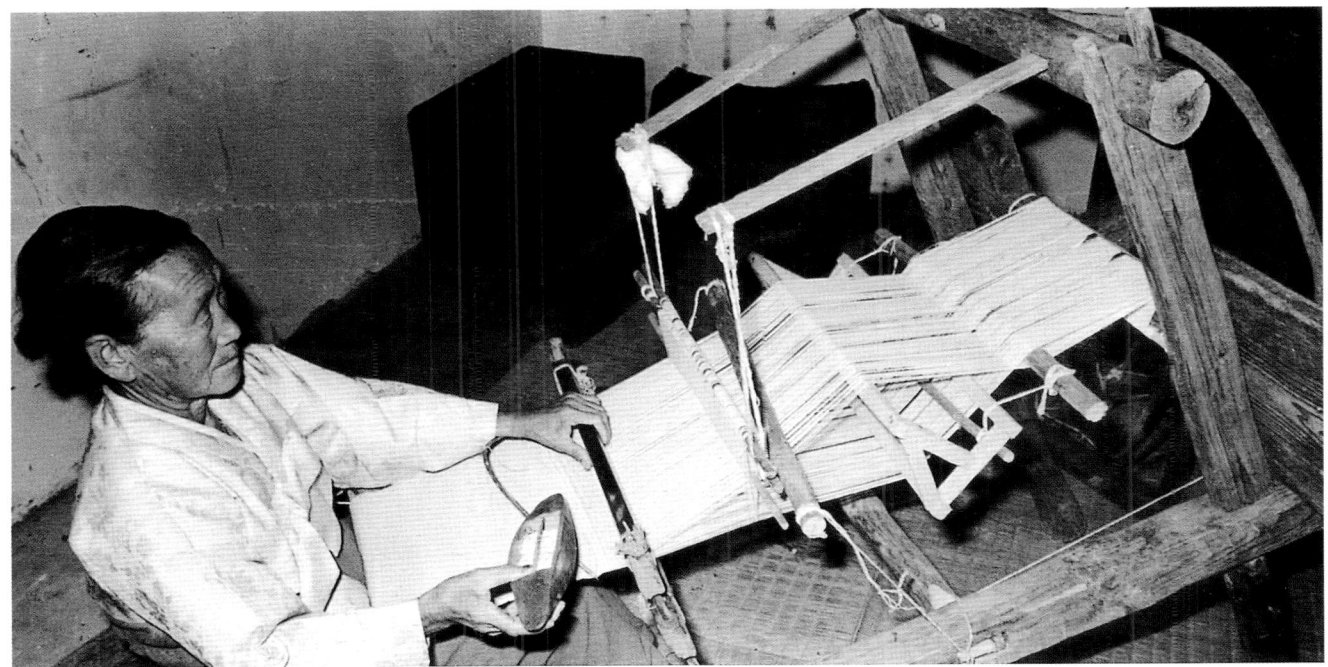

1992. 06. 24

베틀 : 명주, 모시, 무명, 삼베를 짜는 틀, 모양은 나란히 세운 두 개의 앞 기둥에 의지하여 사람이 걸터앉기에 편한 높이로, 가운데에 석 장을 박을 틀을 가로 끼워서 L자형을 이루고 있다. 오른쪽 끝에 앉아서 일 하고 앞 기둥 상부에는 용두머리가 얹혀져 기둥 자체를 유지하며 베를 짤 수 있다. 베 짜는 요령은 무명의 경우(전남 순천 주암 백록의 경우) 음력 3월 하순에 목화씨를 씨아에 넣어 씨를 빼고 다시 활에 메어타서 속을 부풀린 다음 고치로 말아 둔다. 이것을 물레에 올려 조심스럽게 자아서 물레의 가락 옷에 실을 감으며 이 과정을 거쳐 베틀에 올려 베를 짠다. 베를 잘 짜는 여인은 하루에 한 필을 짤 수 있으며 무명과 삼베는 스무 자가 한 필이며 모시는 마흔 자가 한 필이다. 우리의 어머니들은 "물레야 자세야 이리 빙빙 돌아라. 아까운 청춘이 다 늙어간다."고 노래하며 물레질을 하였다.

A loom is a rather simple machine for weaving silk, ramie fabric, cotton, and hemp cloth. the basic structure is made by two main poles standing in parallel, which is connected with two thin bars in the shape of "L". A ridge is fixed across the two poles to stabilize the loom. cotton plant is seeded late Match in the lunar calendar, and harvest it middle August. The crop is well dried in the sun, the seeds of raw cotton are taken out, and the raw cotton is hung on the spinning wheel to swell its ball finally into threads. A skillful spinster can produce 1 pil(about 23m) a day. Our old mother used to sing, "spinning wheel goes spin well, wearing off my youth."

초가집이야기

물레방아 : 물의 힘으로 바퀴를 돌려 곡식을 찧는 방아. 물레방아는 물의 떨어지는 힘을 이용하는 것과 흘러가는 힘을 이용하는 두 가지가 있다. 일반적으로 개울 옆에 도랑을 파서 물을 이용하지만, 이를 위한 보(洑)를 따로 마련하는 곳도 있다. 방아는 대체로 소나무로 만들지만 공이와 같은 것은 단단한 박달나무를 쓰며 공이 끝에 쇠를 박기도 한다.
한편 물레방앗간은 매우 넓어서 방아 찧는 것 외에 인가에서 거절 당한 손님이 하룻밤 머무르기도 하였고 때에 따라서는 마을의 반허락하에 걸인들이 유숙하기도 하였으며 남녀 간의 애정 행각도 심심치 않게 이루어지기도 하였다.

Water mill : A mill to pound grains by the power of water. There are two types of them. The first one is to use fthe water that is falling, and the other flowing. The general type is to install by the stream by digging a gutter. The meal is largely made of pine tree, but for the pestle, a hard birch is used, or a steel plate is attached on the surface of the pestle. A water mill shack is large enough for a stranger to stay a night who rejected from the village, or beggars are allowed to stay under the allowance of village people, or flirtation is seen quite often in this place.

The Story of Thatched Houses

1979. 10. 03 | 황천군 동면

디딜방아 : 발로 디디어 곡식을 찧는 방아. 한 사람은 딛고 또 한 사람은 깨끼는 것과 두 사람이 딛고 한 사람이 깨끼는 두 가지 유형이 있다. 두 사람이 넣는 방아의 채는 길며 뒤 뿌리가 제비 꼬리처럼 좌우로 갈라졌고, 한 사람이 찧는 방아의 채는 짧고 가늘다. 채의 앞머리에는 공이 달려서 돌로 다듬은 확 속에 낟알을 벗기는 구실을 한다. 즉, 방아채를 디뎠다 얼른 놓는 서슬이 내려친 공이의 힘을 왕겨를 벗긴다. 이 디딜방아는 곡식뿐 아니라 떡, 고추를 찧거나 빻기도 하며 메주콩을 이기는 등 요긴하게 이용하였다.

디딜방아가 뭇 여인들의 발디딤 사랑(시달림)을 받아 구멍이 뻥 뚫렸구나!

Treading mortat. A mortar to pound grain by treading. There are two types : one is one person treads and the other person putting to overflow grain back into the mortar, the other is two persons tread and the other person doing the same. This treading mortar was not only used for grain but also for rice cake, hot pepper, and fermented soy beans.

Koreans' Native House | 55

초가집이야기

1990. 03. 01 | 서울시 마포구 상암동

서울특별시 상암동에 마지막 남은 초가집. 그 주변이 지금은 재개발되어 아파트가 들어서고, 한국 축구의 4강 신화를 만들어 낸 월드컵 축구 전용 경기장이 웅장한 모습으로 건설되어 있으며, 초가집 건너 파란 지붕의 긴 건물이 옛 수색역이다. 아래 상자안 수색역이라고 표시된 건물은 새롭게 지어진 역사이다. 발전된 모습에 긍지와 희망을 품으며 과거와 오늘을 반추해 볼 수 있는 매우 뜻 깊은 장면이다.

The last thatched house at Samam-dong in Seoul! Presently, the district has been re-developed and apartment complexes occupy, and the World Cup Soccer Ground that led Korean national soccer team to the 4th myth in the world is magnificently standing. The blue-roofed long building is the old Susaek train station. The inserted under the name of Susaek train station is a new building under ocnstruction now. This is a meaningful picture to ruminate about the past and the present, with an elated self-respect and hope at the developed Korea.

The Story of Thatched Houses

1990. 03. 01 | 서울시 마포구 삼양동

1990년도 초, 모 신문에 서울의 마지막 초가집이 헐린다는 기사를 보고 간걸음에 달려가 촬영할 수 있다.

현대식 아파트를 지을 때 사용하는 시멘트, 단열재, 접착제, 페인트 등에서 뿜어나오는 각종 화학물질이 처음 입주하게 되면 "새집 병"(아파트 증후군)이 생긴다. 그러나 초가집은 "새집 병" 같은 말은 생겨나지도 않았다. 군불 땐 아랫목의 뜨뜻한 촉감은 말로 표현할 수 없으리라.

아파트에 밀려 없어진 초가집! 이제는 서울에선 영원히 초가집을 구경할 수 없구나.!

The various kinds of chemicals such as cement, insulation, adhesives, and paint, used for modern apartment houses causes so called "Saejipbyung", apartment symptom. However, there is no word like that in the thatched houses. You may not appreciate the warmth on the floor heated by fire woods in a thatched house! It is regrettable that we can't see them anymore in Seoul.

Koreans' Native House | 57

초가집이야기

1990. 03. 01 | 서울시 강북구 삼양동

서울 강북구 삼양동 마지막 초가집의 모습으로 지난날 서울 생활모습도 어느 시골과 다를 바 없다는 것을 볼 수 있다. 이처럼 해마다 이은 이엉의 두께로 쌓인 처마 속에 참새가 부드러운 여러 가지 털들을 물어다 집을 짓고 알을 낳아 새끼를 키우고 했으며, 처마 밑에 강남 갔던 제비들이 돌아와 집을 짓고 했는데, 지금은 현대화에 밀려 우리의 옛 문화들이 역사 속으로 사라지고 없다.
서울의 마지막 낡은 판자 대문에 하얀 바탕의 문패가 유난히 현대를 사는 우리에게 눈길을 주게 하고 있다.

This is the last-left thatched house in Seoul, located at Samam-dong. The big and small earthenware placed outside of the gate tell that the earlier times, the life of Seoul was as much as the country life. As seen here in the eaves, the sparrows, nested in thich them stacked up one by one, year after year, brought in soft furs and feathers to make their nests, lay eggs, and raise up their youg, and the swallows, too used to make their nests after returning from the warm southern region. Now, our old things are fading away, being pushed by in the name of modernization.

The Story of Thatched Houses

1992. 05. 30 | 부천시 소사읍

2~30년 전만 해도 서울 근교에서 간간이 이러한 초가집을 볼 수 있었다. 푸른 5월에 집 주변은 아카시아 꽃 숲으로 둘러싸여 있는데, 집 뒤뜰에 상서로운 새들만 앉는다는 오동나무가 연보라색 꽃을 피워 퇴락한 오막집에 불빛처럼 환하게 보여, 봄의 향취를 만끽하며 촬영을….

This king of thatched cottage could be in sight only 30 years ago. In May with greeny, the cottage is surrounded with the thickets of acacia. With the auspicious birds sitting on its back yard, the light purple-colored flowers of catalpas are seen lighting the shabby cottage, which made me shoot… in the mood of spring flavor.

Koreans' Native House | 59

초가집이야기

1990. 06. 06 | 단양군 어상천면 대전2리

싱그러운 여름에 작약꽃이 만발하여 그 자태를 뽐내고 있어서 초가집이 조금은 왜소하게 보이지만 작약꽃 속에 파묻혀 있는 초가집이 어울려 그런대로 셔터를 누르며 생활의 활기를 느꼈다. 그런데 초가집과 시멘트의 아파트 차이점은 초가집은 멋은 덜하지만 온화하고 포근한 느낌이 들고, 아파트는 삭막하지만 부유한 느낌이 들고 편리한 점이 있다.

As contrasted with the peonies puffing up in full bloom in summer, the thatch-roofed house looks somewhat dwarfish, but it matches with them hidden in them, which gave me a live feeling as pressing the shutter. A thatch-roofed house gives a feeling of warmth and comfort, but an apartment house of richness and convenience.

The Story of Thatched Houses

1991. 05. 20 | 화성시 송산면 고정리

훈풍이 푸른 솔밭 사이로 불어오고 먼 하늘가 초가집 지붕 위에 흰 구름이 보일 때, 고추 모종이 듬성듬성 자라며 봄을 붙들고 있는 초가집 앞에서 세월의 등에 업혀 살아온 초로에 접어든 중 늙은이가 카메라가 신기한 듯 바라보는 모습이 오고 가는 세월만큼이나 진지하다.
수숫대를 엮어 울타리를 만들어 쳐놓은 점이 특이하다.

The warm breeze is blowing into the pine tree field, and a thatch-roofed house stands sgainst the white clouds in a far sky, a hot pepper patch is holding the spring. An elderly in his early years looks curiously at the camera as seriously as the time passing by. Millet-weaved fedce is catching my eyes.

Koreans' Native House | 61

초가집이야기

1991. 05. 20 | 화성시 송산면 고정리

가을의 마지막 양광이 내리쬐는 초가집 앞의 배추가 몹시 탐스럽다. 그런데 이 집은 월동준비를 완전히 철옹성으로 하여 바람이 아무리 불어도 위로 숨을 쉴 뿐 들어 올 길이 없을 정도로 독특하게 해 놓았다.
집 울타리 앞에 피마자(아주까리)가 드문드문 심어져 있는 곳에 겨울김장을 하려고 배추를 뽑아 지게에 지고 가려고 준비하고 있는 사람을 촬영.
집 주인의 겨울 월동 준비가 매우 창의적이라 하겠다. 또한, 이런 집을 발견, 놓치지 않고 촬영하여 기록으로 남기는 것도 무척 중요한 일이 아닐는지요?…

The white cabbages in front of the thatch roofed house in the full last sun of autumn are I full green. Preparations for the coming winter is perfect for this house, just like an impregnable fortification. Whatever bitter winter wind may not set its foot into this castle. Near the caster beans sparsely planted, the house owner is picking white cabbages for winter. His A-frame is standing by. This is one of the very unique way of cabbage pickings. To take pictures of this scene isn't worth documentiong?…

위인들의
초가집이야기

위인들의 초가집이야기

박정희 대통령
(제5대 ~ 9대 대한민국 대통령)생가

소재지 : 경북 구미시 상모동 171
출 생 : 1917. 11. 14 ~ 1979. 10. 26
대구사범 졸업(1937)때까지 20년간 살던 곳
경북 기념물 제 86호(1992. 2. 25지정)

The Story of Thatched Houses

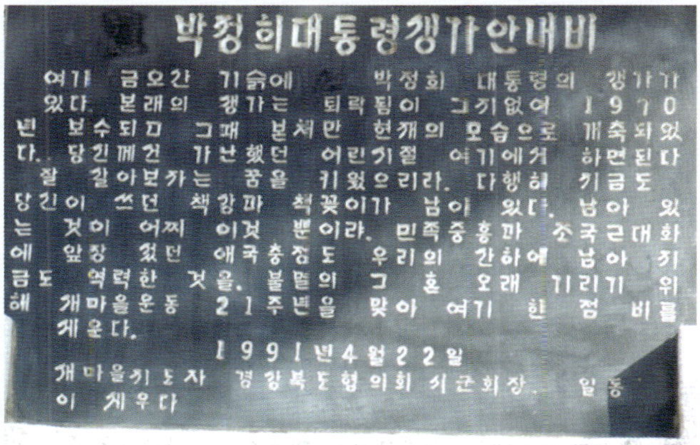

Koreans' Native House | 65

위인들의 초가집이야기

전두환 대통령
(제11대~12대 대한민국 대통령)생가

소재지 : 경남 합천군 율곡면 내천리
출   생 : 1931. 1. 18 ~ 현재
8세까지 살던 곳
1983년 8월~11월 경남도가 복원

66 | 우리의 옛집

The Story of Thatched Houses

전두환 대통령 생가

경상남도 합천군 율곡면 내천리 263번지의 이 가옥은 전두환 대한민국 제12대 대통령이 태어난 곳이다. 한산 이씨로 본적된 부친(전상우)과 광산 김씨인 모친(김점문)사이의 7남매 가운데 둘째 아들로 태어난 (1931년 1월 18일) 전 대통령은 가족들을 따라 만주로 이주한 8살 때(1939년)까지 이곳에서 자랐다. 2년 만에 만주에서 대구로 정착하게 된 이 대통령은 빈한한 가정형편 때문에 초·중·고등학교 과정을 고학을 하며 어렵게 마쳤다. 목련지산군의 남동으로 한센·25동란이 한창이던 때 육군사관학교에 입교했다(1951년 12월). 정규 4년제의 첫 졸업생으로 임관된(1955년) 이후에는 유능하고 장래가 촉망되는 청년장교로 두각을 나타냈다. 우리나라 장교로는 최초로 미국의 특수전·심리전 교육훈련 과정을 이수했으며(1959년~60년) 현대특공단의 파괴는 공수특전사령부의 대대장·여단장 등 지휘관을 차례로 역임했다.

1968년 1·21사태 때에는 청와대의 외곽 경호를 맡고 있는 수도경비사령부의 대대장으로 있으면서 사전에 지열한 대비체계를 갖추었으므로, 작전역공의 기습을 효과적으로 격퇴하는 공로를 세웠다. 동기생 가운데선 처음 장군이 된(1973년) 전 대통령은 대통령경호실차장보로 근무하는 소장으로 진급하여 1사단장으로 부임했다(1978년). 이 시절 북한이 두번째 이남으로 파내려온 제3땅굴을 발견했다.

1979년 3월 국군보안사령관으로 입영된지 그 해 10월 박정희 대통령 시해사건이 발생하여 합동수사본부장을 맡게 되었는데, 그 수사과정에서 12·13사태가 빚어졌다. 1980년 중앙정보부장(서리)과 국가보위비상대책위원회 상임위원장으로서 5·26사건을 전후하여 조성된 국가적 총체적 위기를 수습하는데 지도적 역할을 발휘함으로써, 이를 계기로 제11대 대통령으로 추대됐다. 이어 새로운 헌법에 따라 제12대 대통령에 선출되어 1981년 3월 취임했다.

전 대통령은 7년간 재임하면서 획기적인 물가안정과 자율화와 국제수지흑자 전환으로 경제도약의 토대를 쌓았다. 또한 서울올림픽대회를 유치함으로써 전양위로서의 기반을 확립하고 우리나라의 국제적 위상을 크게 높일 수 있는 계기를 마련했다.

전두환 대통령은 취임 전의 단임 실천 약속을 지켜 1988년 2월 퇴임했으나 40년 현정사상 임기를 마치고 스스로 물러난 최초의 대통령이 됐다. 퇴임후에는 정치적 공격을 받아 모두 4년 넘게 교도소생활과 죽고도 지냈으나, 평화적 정권이양의 전통을 세워나가기 위한 전통으로 머지 30년 어려움을 감내했다.

합천군에서는 전두환 대통령이 태어난 이곳을 문화유산으로 같이 보존하기 위해 1983년 (지번지적 631)㎡에 목조 초가집을 53.41㎡(안채 36.17㎡·뒷간 6.78㎡·곳간 4.68㎡·대문 3.78㎡)을 옛 모습대로 복원했다.

위인들의 초가집이야기

김대중 대통령
(재15대 대한민국 대통령)생가

소재지 : 전남 신안군 하의면 후광리 100
출　생 : 1924. 1. 8 ～ 2009. 8. 18
1936년 하이보통학교 3학년때까지 살던 곳
1999년 9월 종친들이 복원

The Story of Thatched Houses

남쪽 바닷가에서 바라본 김대중 대통령 생가 전경

Koreans' Native House | 69

위인들의 초가집이야기

노무현 대통령
(제 16대 대한민국 대통령) 생가

소재지 : 경남 김해시 진영읍 본산리 30
출　　생 : 1946. 9. 1 ~ 2009. 5. 23
2007 복원

The Story of Thatched Houses

노무현 대통령 생가生家

어린 노무현과 생가 生家

노무현 대통령은 1946년 9월 1일 이곳 생가에서, 농부인 아버지 노판석씨와 어머니 이순례씨 사이에서 3남2녀 중 막내로 태어났습니다. 8살까지 이 집에서 살았고, 1975년 사법고시 합격 후 부산으로 떠나기 전까지 마을 안에서 3번 이사를 다녔습니다. 노무현 대통령은 6살 때 천자문을 외워 동네에서 '노천재'로 불렸다고 합니다. 동네 어른들한테는 '인사 잘하는 아이'로 귀여움을 받았고, 또래 아이들 사이에선 짖궂은 장난을 좋아하는 골목대장 노릇을 했다고 동네 사람들은 기억하고 있습니다.

위인들의 초가집이야기

의암 주논개 생가

소재지 : 전북 장수군 장계면 대곡리
출   생 : 1574. 9. 3 ~ 1593. 7(사망 미상)
2000년 9월 복원완료

The Story of Thatched Houses

논개의 愛人이 되어서 그의 애인

낮과 밤으로 흐르고 흐르는 南江은 가지않습니다
바람과 비에 오늘거리는 石榴꽃은 살가를
꽃등을시라서 다름질칩니다
論介여 나에게 우름과 우슴을 同時에주는
사랑하는 論介여

그대는 朝鮮의 무덤가온대 피엿든 조혼꽃의 하나이다.
그래서 그향긔는 썩지안는다.

偶然에 죽지안는 論介여
하루도 살수업는 論介여
그대를사랑하는 나의마음이 얼마나 질거으며
얼마나 슯흐것인가
나는 우슴이 제위서 눈물이 되고 눈물이 제위서
우슴이 됩니다
韓園하여요 사랑하는 오오 論介여

東海 朴龍喆 先生 詩에서

의암 주논개 생가지

소재지 : 전라북도 장수군 장계면 대곡리 주촌

이곳은 1593년(宣祖 26)6월 남편 최경회(崔慶會) 현감을 따라 2차 진주성 싸움에 참전했다가 중과부적으로 성이 무너지고 패하자 스스로 목숨을 버린 남편과 나라의 원수를 갚기 위해 기생으로 가장하여 왜군 승전연에 참석 왜장 모곡촌육조(毛谷村六助)를 진주 남강변 현재의 의암이라 불리는 바위로 유인하여 함께 투신 순국한 겨레의 여인 주논개(朱論介)의 생가가 있는 곳이다.

논개는 1574년(宣祖 7)9월 3일 이곳 주촌마을에서 부 즈달문(朱達文)과 모 밀양박씨(密陽朴氏) 사이에서 태어났다. 주촌마을의 원래 생가는 1986년 대곡지수 축조로 수몰 되었으며, 이곳은 논개 할아버지가 함양군 서상면에서 재를 넘어와 서당을 차렸던 곳으로 전해지고 있는 지역에 1997년부터 4년간에 걸쳐 넓히고 옮기는 사업을 통해서 2만평을 조성하였다.

이곳에는 주논개 생가를 들어가는 관문인 의랑루(義娘樓)가 있고 연못과 저사(祠舍), 주논개의 석상, 의암 주논개의 사료를 정리한 전시관 및 생가가 있다.

위인들의 초가집이야기

월남 이상재선생 생가

소재지 : 충남 서천군 한산면 종지리 263
출생 : 1850. 10. 26 ~ 1927. 3. 29
충청도 기념물 제74호 (1990. 12. 31 지정)
1972년, 1980년 복원

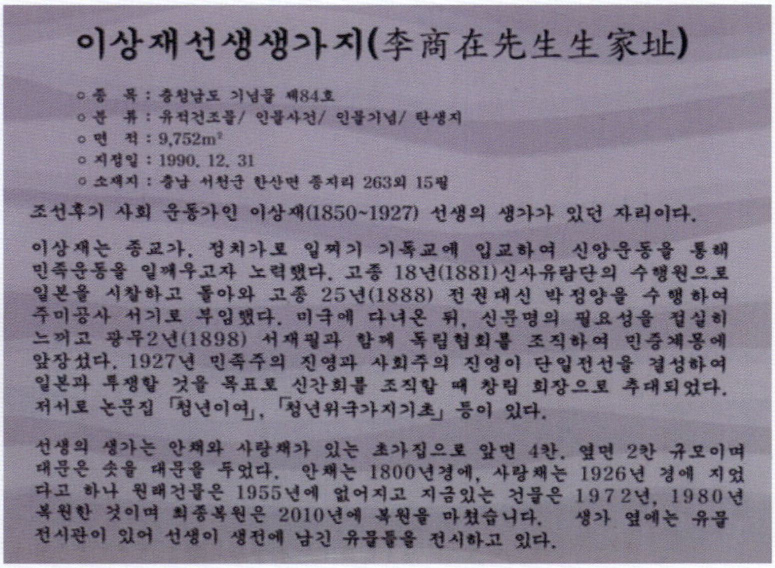

이상재선생생가지(李商在先生生家址)

- 종 목 : 충청남도 기념물 제84호
- 분 류 : 유적건조물/ 인물사적/ 인물기념/ 탄생지
- 면 적 : 9,752㎡
- 지정일 : 1990. 12. 31
- 소재지 : 충남 서천군 한산면 종지리 263외 15필

조선후기 사회 운동가인 이상재(1850~1927) 선생의 생가가 있던 자리이다.

이상재는 종교가, 정치가로 일찍이 기독교에 입교하여 신앙운동을 통해 민족운동을 일깨우고자 노력했다. 고종 18년(1881)신사유람단의 수행원으로 일본을 시찰하고 돌아와 고종 25년(1888) 전권대신 박정양을 수행하여 주미공사 서기로 부임했다. 미국에 다녀온 뒤, 신문명의 필요성을 절실히 느끼고 광무2년(1898) 서재필과 함께 독립협회를 조직하여 민중계몽에 앞장섰다. 1927년 민족주의 진영과 사회주의 진영이 단일전선을 결성하여 일본과 투쟁할 것을 목표로 신간회를 조직할 때 창립 회장으로 추대되었다. 저서로 논문집「청년이여」,「청년위국가지기초」등이 있다.

선생의 생가는 안채와 사랑채가 있는 초가집으로 앞면 4칸, 옆면 2칸 규모이며 대문은 솟을대문을 두었다. 안채는 1800년경에, 사랑채는 1926년 경에 지었다고 하나 원래건물은 1955년에 없어지고 지금있는 건물은 1972년, 1980년 복원한 것이며 최종복원은 2010년에 복원을 마쳤습니다. 생가 옆에는 유물전시관이 있어 선생이 생전에 남긴 유물들을 전시하고 있다.

The Story of Thatched Houses

의암 손병희 선생 생가

소재지 : 충북 청원군 북이면 금암리
출　생 : 1861. 12. 4 ~ 1922. 5. 19
1979년 충청도 기념물 30호 지정

손병희 선생 유허지
HISTORIC SITE OF SON PYONG - HUI

충청북도 기념물 제 30 호
충청북도 청원군 북이면 금암리 234
Chungcheongbuk-do Monument No. 30
234 Uiamro Bukemyeon Cheogwongun Chungcheongbukdo

이 곳은 3·1운동 때 민족 대표 33인 중의 한 분인 의암(義菴) 손병희(孫秉熙, 1861~1922)선생이 태어난 곳이다.
선생은 일찌기 동학(東學)에 입문(入門)하여 1894년 동학혁명(東學革命) 때 충청도(忠淸道)와 경상도(慶尙道)에서 10만의 교도(敎徒)를 이끌고 관군(官軍)과 싸웠다. 1897년에는 동학(후에 천도교, 天道敎)의 3세 교주(敎主)가 되었다.
1919년 기독교, 불교 대표들과 함께 3·1운동을 영도하여 독립을 선언하였다가 일본 경찰에 체포되어 서대문 감옥에서 복역중 병보석으로 출감하여 상춘원(常春園)에서 요양 중 병사 하였다.
선생이 태어난 생가는 정면 4칸 측면 1칸반의 초가집으로 원형을 보존하고 1961년 탄신 100주년을 맞아 유허비(遺墟碑)를 건립하였다.

Koreans' Native House | 75

위인들의 초가집이야기

녹두 전봉준 장군 생가

소재지 : 전북 정읍시 이평면 장내리 조소마을
출　생 : 1855 ~ 1895. 3(41세)
1974년 복원 사적 제 293호 지정

The Story of Thatched Houses

동학농민혁명 지도자 전봉준 장군 생가터
The Leader of Donghak Peasants' Revolution, General Jeon Bong Jun's Birthplace

동학농민혁명의 핵심 인물이자 지도자였던 전봉준 장군은 1855년 12월 3일 이곳 고창읍 죽림리 63번지 (당촌 마을)에서 서당 훈장을 하던 전창혁(본관:천안)의 아들로 태어나 13세 무렵까지 살았다.

당시엔 서당, 안채, 사랑채 등이 있었으나 동학농민혁명 기간중 모두 소실되었다. 그는 오척 단신의 작은 체구 대문에 녹두라는 별명을 얻어 일명 녹두장군으로 알려지게 되었다.

전봉준 장군을 비롯한 동학농민혁명 지도부는 1894년 3월 20일(음력)에 동학농민혁명 발상지인 무장 기포지(고창군 공음면 구암리 구수마을)에서 4,000여명의 농민군이 도인 가운데 갑오동학농민혁명운동 최초의 봉기선언문인 창의문(倡義文)을 발표하고 조직적인 항쟁에 들어감으로써 전국농민전쟁으로 발전하게 되었다.

동학농민혁명은 봉건적 지배세력에 의한 수탈과 억압에 반대한 민족운동이며 제국주의적 외세 침략에 맞선 국권수호운동으로 갑오개혁의 도화선이 되었으며 보국안민의 기치를 높이 세운 최초의 민중 항쟁이었다.

위인들의 초가집이야기

한용운선생 생가지
(韓龍雲先生 生家址)

지정별 : 기념물 제75호
지정년월일 : 1989년12월29일
위치 : 홍성군 결성면 성곡리

　이 곳은 일제 식민강점기의 독립운동가이며 불교(佛敎)시인인 한용운(韓龍雲, 1879~1944) 선생께서 1879년(고종16년)에 태어난 곳이다. 선생은 1904년에 강원도 인제 내설악산의 오세암(五歲庵)에 출가하고 1905년 백담사(百潭寺)에서 득도하였다. 계명(戒名)은 봉완(奉玩)이고 법호(法號)는 만해(萬海), 법명(法名)은 용운(龍雲)이다. 1919년 3·1 독립운동을 이끈 33인의 한 사람으로, 독립선언서(獨立宣言書)의 공약3장(公約三章)을 작성하였다. 독립선언서를 낭독한 후 체포되어 3년형을 선고받았다. 1926년 시집 "님의 침묵"을 출간하여 저항문학(抵抗文學)에 앞장서고 민족혼(民族魂)을 깨우려고 노력하였다. 1944년 5월 9일 서울 성북동(城北洞) 심우장(尋牛莊)에서 66세를 일기로 입적(入寂)하니 유해는 망우리(忘憂里)에 안장되었다. 선생은 세상을 마칠 때까지 불교(佛敎)를 통한 애국 청년운동과 일제에 항거하는 독립운동사상을 북돋워 일으키는데 온 힘을 기울였다. 1962년 건국공로훈장(建國功勞勳章)이 추서되었다.

The Story of Thatched Houses

만해 한용운 선생 생가 별채

소재지 : 충남 홍성군 결성면 만해로 18번지 83
출　생 : 1879년 7월 12일 ~ 1944년 6월 29일
1896년까지 살던 곳
충남도기념물 제75호(1987. 12. 29 지정)
1992년 생가 복원

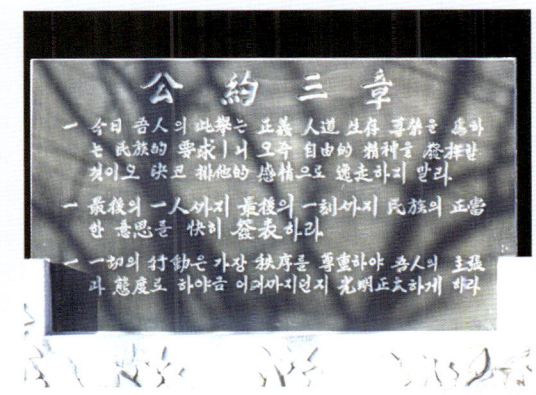

위인들의 초가집이야기

유석 조병옥 박사 생가

소재지 : 천안시 동남구 병천면 용두리 261-6
출　　생 : 1894. 5. 21 ~ 1960. 2. 15
1962년 이후 복원

유석 조병옥 박사 생가
소재지 : 충청남도 천안시 병천면 용두리 261-6

　이곳은 항일 독립운동과 대한민국 건국 및 민주주의 발전을 위해 평생을 몸바쳐 불후의 업적을 남긴 독립운동가이며 정치가인 유석 조병옥 박사가 태어나고 자란 곳이다. 당시 초가였던 생가가 이후 와가로 변형된 것을 문중의 고증을 받아 대지 550평에 안채 15평, 부속사 7평, 일자형 초가로 원형 복원하였다.
　조병옥 박사는 광복 후 한국민주당을 창당하였고, 한국 전쟁 때 내무부 장관, 이어 제3·4대 민의원을 지냈다. 1960년 민주당 대통령 후보로 출마하였으나 1960년 2월 15일 불의의 신병으로 미국 월터리드 육군병원에서 67세를 일기로 서거하였다.
　정부는 1962년 3월 1일 대한민국 건국 공로훈장 독립장을 추서했으며, 그 공적을 길이 선양하고 후세에 본받을 교육의 장으로 삼고자 이곳에 생가를 복원하였다.

The Story of Thatched Houses

열사 유관순 생가

소재지 : 천안시 동남구
출 생 : 1902. 12. 16 ~ 1920. 9. 28
2006년 복원

유관순열사 생가지(柳寬順烈士 生家地)

사적 제230호
소재지 : 충청남도 천안시 동남구 병천면 용두리 338-1

이곳은 1902년 12월 16일 유관순열사가 태어난 곳이다. 열사는 이화학당에 다니던 중 서울의 3.1만세운동에 참여하였고, 이후 고향으로 내려와 1919년 4월 1일 3천여 군중이 참여한 호서지방 최대의 독립만세운동인 아우내만세운동을 주도하였다.
이 후 일본 경찰에 채포되어 경성복심법원 최종판결에서 3년형을 선고받고 서대문형무소에 수감되었다.
옥중에서도 끊임없는 만세시위를 하다가 갖은 폭행과 고문에 못 이겨 1920년 9월 28일 순국하였다.
정부에서는 1962년 3월 1일 대한민국 건국공로훈장을 추서하고 열사의 애국정신을 영원히 기리기 위하여 1991년 옛 집터에 생가를 복원 정비하였다. 생가 옆에는 기념비와 열사가 다니던 매봉교회가 있다.

3.1운동 당시 태극기

Koreans' Native House | 81

위인들의 초가집이야기

2014. 02. 23

윤봉길 의사 생가

소재지 : 충남예산군 덕산면 시량리
출   생 : 908년 6월 21일 ~ 1932년 12월 19일

The Story of Thatched Houses

1991. 09. 01 | 예산군 덕산면 충의사

윤봉길 의사(尹奉吉 義士) 충남 예산 출신으로 1908~1932년 독립 운동가. 1930년 "장부(丈夫)가 집을 나와 살아서 돌아오지 않겠다."라는 신념이 가득한 편지를 남긴 채 3월 6일 만주로 망명하여 김구 주석을 찾아가 독립운동에 신명을 바칠 각오를 호소하였다. 1932년 3월 29일 김구 선생의 주관하에 천장절 겸 전승 축하 기념식에 수류탄을 투척하여 상해 파견사령관 시라카와 상해의 일본 거류민 단장 가와비는 현장에서 즉시하고 노무라 중장과 많은 일본인을 다치게 했다. 거사 직후 현장에서 붙잡혀 일본 군법회의에서 사형을 선고받고 일본 오사카 교도소에서 총살형으로 순국하였다.

사진은 윤봉길 의사 생가로 나라 꽃인 무궁화가 흰 꽃으로 피어 나라의 울타리 되어 가신님의 충절을 오늘도 내일도 기리고 있는 듯하다.

This is the thatched house where the patriot Yun, Bong-gil(1908-1932) was born. He was born in Yesan. He left for Manchuria, leaving behind him a letter, : As a worthy man, I am now determined to sacrifice myself for my land and, "I will never return live back home". he exiled himself to Manchuria and met Kim, Goo, then, the President of the government in exile, to join the movement of freeing Korea from Japanese ruling. he threw a hand grenade at the ceremony of Japanese triumphant day and killed japanese army commander-in-chief and other high level officials. He was sentenced and killed in Osaka prison for the saving of Korea. In the photo, the national flower, moogunghwa, blooming in whiter, seems to pay tribute to him.

위인들의 초가집이야기

정도전 유배지

삼봉 정도전 유배지
소재지 : 전남 나주시 다시면 운봉리
출　생 : 1342. ~ 1398. 8.
2001. 4. 복원

The Story of Thatched Houses

삼봉(三峰) 정도전(1337~1398 태조 7년) 고려말 조선 초의 정치가, 학자. 1375년에 권신 이인임, 경복흥 등의 친원배명정책에 반대하여 북원(北元) 사신을 맞이하는 문제로 권신 세력과 맞서다가 전라도 나주곡 회진현 관하의 거평부곡에 유배되었다. 1377년에 풀려났다.

두서너평 됨직한 초가인데, 절반은 방 그리고 반은 정자였다. 그런데 특이한 것은 불을 지피는 아궁이만 있지 밥하는 부엌은 없었다. 먹을 음식들은 마을 사람들 황연(黃延)이 해주었을 것으로 생각된다. 그리고 대나무가 있는 곳에 연못이 방보다 훨씬 크게 파였는데, 주인 없는 그곳은 잡초만 자라서 관광객을 맞고 보낸다. 최근 KBS1에서 정도전이란 사극을 방영 중에 있어 삼봉선생에 대한 많은 이해를 하게 되었다.

(나주시 다시면)

위인들의 초가집이야기

김삿갓 김병연 시인 생가

소재지 : 강원도 영월군 김삿갓면
출　생 : 1807. 3. 13 ~ 1863

The Story of Thatched Houses

2014. 01. 28 | 강원 경월군 김삿갓 주막집

난고 김삿갓 주거지

이 곳은 조선조 말엽 전국을 바람처럼 떠돌며 날카로운 풍자로 상류사회를 희롱하고, 재치와 해학으로 서민의 애환을 읊은 방랑시인 김삿갓이 생전에 거주 하였던 곳이다.

선생은 안동 김씨의 시조인 고려 개국공신 선평의 후예로 순조 7년(1807) 3월 3일 경기도 양주군 회천면 회암리에서 부 안근과 모 함평 이씨 사이의 이남으로 출생하였고, 본명은 병연 호는 난고 이다.

순조 12년(1812) 홍경래의 난이 일어났을 때 조부 김익순이 선천부사로 있으면서 홍경래에게 항복하여서 억적으로 몰려 폐족처분을 받아 가족이 영월로 옮겨와 은둔생활을 하였다.

이러한 생활 속에서도 모친은 자식에게 조부의 사연을 감추고 글을 가르쳤으며, 20세 되던해 영월 동헌에서 백일장에 응시하여 조부를 비판하는 글로 장원이 되었다.

그 후에 조부라는 사실을 알고 자책과 통한을 이기지 못하여 22세에 길을 나서 방랑생활을 하면서 서민들의 애환을 시로 읊어 서민 문학의 큰 틀을 마련하였다.

1863년 전라남도 동복군 동복에서 작고하여 그 곳에 묘를 썼으나 살년 후 둘째아들 익균이 현재의 묘로 옮겨 모신다. 1982년 김삿갓의 주거지를 발견할 당시 이 곳에서 살았던 엄운길(당시 64세)의 증언에 의하면 1972년경 주거지 본체의 대들보가 썩어 내려 앉아서 철거하고 바깥채에서 살고 있다고 하였다.

화전촌의 집은 모두가 통나무로 짓는 것이 관례인데, 이집 본체 자리 철거목재는 기둥, 천장보 도리등이 도끼로 정교하게 다듬어져 있는 것으로 보아 어머니가 양반대의 안목 있는 주부였음을 짐작할 수 있다.

현재의 주거지 건물은 강원의 얼 선양사업의 일환으로 2002년 5월에 복원한 것이다.

주막酒幕

술과 밥을 팔면서 나그네를 유숙시키던 집으로 현대적 의미로 볼 때 술집과 식당 그리고 여관을 겸한 경업집이라고 할 수 있다. 주막은 시골에만 있었던 것이 아니고 대처에도 많이 있어 주막거리 라는 이름이 생겼을 정도였다. 대체로 주막이 많이 분포되어 있는 곳으로는 장터, 큰 고개 밑의 길목, 나루터 광산촌 등이었다.

조선시대 주막이 많기로 유명하였던 곳으로는 서울은 물론이고, 서울에서 인천으로 가는 중간인 소사. 오류동에 많았는데, 서울에서 출발하면 점심대쯤 그곳에 도착하기 때문이었다.

위인들의 초가집이야기

▲ 낮은 굴뚝이 집안내에 있는 특이한 구조다

김유정 소설가 생가

소재지 : 춘천시 신동면 증리 859
출생 : 1908. 1. 11 ~ 1937. 3. 29
2002년도 복원

김유정의 대표적인 단편
동백꽃, 봄봄, 금 따는 콩밭, 노다지, 만무방, 소낙비,
산골나그네, 따라지, 봄과 따라지, 등 30여 편.

The Story of Thatched Houses

"글쎄 이 자식아! 내가 그걸 말리군
그랬니, 왜 날 보구 떼냐?
"빙모님은 참새만한 것이 그걸
어떻게 앨 낳지유?"
(사실 장모님은 점순이보다도 키가 반쯤
하나가 적다)
— 김유정의 〈봄·봄〉에서

위인들의 초가집이야기

미당 서정주 선생 생가

소재지 : 전북 고창군 부산면 선운리 진마마을
출　생 : 1915. 5. 18 ~ 2000. 12. 24

미당생가
고창군 부안면 선운리 578번지

미당은 1915년 음력 5월 18일 이곳에서 태어났다.
1942년 부친 서광한이 별세한 후, 친척이 거주·관리
하면서 지붕을 스레트로 개조하였다.
1970년경부터 사람이 살지 않은 채 방치 되었다가
2001년 8월 옛 모습대로 복원하였다.

김수환 추기경 생가

소재지 : 경북 군위군 군위읍 용대리
출 생 : 1922. 6. 3 ~ 2009. 2. 16
5세부터 7년간 살던 곳
복원

초가집이야기

2013. 05. 10 | 낙안민속마을

어느덧 새 봄이 와 마을 좁은 고샅길 돌 담벼락에 담장이넝쿨이 얼기설기 엉키어 갓난아이 손 같은 잎들이 바람에 흔들린다. 담장 안 감나무에도 가을의 결실을 위해 잎이 나고 감꽃이 열리어 떨어지고 가을엔 풍성한 감이 열림을 알리는 풋풋한 계절이다. (낙안민속촌)

Before one knows, new spring time is around, and the walls in alleyway s are covered with ivy, with its newborn baby's hand-like leaves wavering in the wind. It is a fruitful season heralding leaves of persimmon trees will be out soon, their flowers will grow and fall, and the well-ripened persimmons will get ripened soon. (Village of Nakan folk castle)

The Story of Thatched Houses

1991. 05. 20 | 화성시 대부면

농번기가 끝나고 초가지붕 처마 밑 벽에 짚으로 만든 멍석과 싸리나무로 만든 광주리와 왕골로 예쁘게 만든 골망태가 제 할 일을 끝내고 가지런히 걸려있다. 또 다가오는 농번기를 기다리면서…
처마와 멍석이 직선과 바구니들의 원의 구도가 잘 어울린다.

As the busy farming season comes to an end, the straw mats, bush clovers-made round baskets, a bulrush-made pretty mash bag hang neatly on the wall under the eaves, after completing their completing their roles, waiting for the next coming farming season…, The straight lines of eaves and straw mats and the circle of baskets are well matched in composition.

초가집이야기

1979.09.08 | 양평군 옥천면 용천리

이 초가집을 짓고 사는 사람은 풍부한 정서가 있는 사람이라는 느낌을 받으며 촬영에 임했다. 뒷마당은 동산으로 연결되어 자연 정원이 되었으며, 시골에서는 대부분 조그만 땅도 텃밭으로 채소나 곡식을 심어 먹는데, 이집 주인은 텃밭에 채소 대신 코스모스를 심어 놓았으니 꽃의 향기가 풍겨 가을의 정취를 한 껏 느끼며 생활하고 있는 듯 보였다.
코스모스 한들한들…, 콧노래가 절로 나기만 하는구나….

With feeling that the residents of this thatch-roofed heouse must be rich in emotions, I took this picture. The back yard leads to the hill, which makes a natural garden, In the countryside, even a little ground is mostly used as a kitchen garden for planting vegetables, instead, the cosmoses are planted. The floral scents are full in the autumnal air. which makes makes me hum a song.
"Cosmos lightly swaying…"

The Story of Thatched Houses

1979. 09. 08 | 양평군 옥천면 용천리

지붕의 이엉이 마치 나무의 나이테처럼 켜켜이 지붕을 덮고 있어 세월의 연륜을 말해주고 있는 듯하다.
이처럼 두껍게 쌓이면 속을 걷어내고 그 썩은 것을 퇴비로 쓴다. 이때에 지붕속에서 많은 굼벵이와 벌레들이 나와 닭들의 좋은 먹이감이 되기도 한다.
아직 전기가 들어오지 않을 때를 대비해 석유등(램프)이 걸려있으며, 가로 지른 나무에 대나무로 엮어 만든 소쿠리가 걸려있고, 큰 옹기 그릇은 뚜껑이 없는 걸로 보아 빈그릇 인듯하다. 신문으로 발라놓은 벽 앞에 풍구*가 눈길을 멈추게 한다.

풍구 : 풍구에 달린 손잡이를 손으로 돌려 바람을 일으켜 곡물들의 쭉정이, 겨, 먼지 등을 제거하는 농구(農具)

The straw thatches are layed one upon another like annual rings, which seems to tell the passage of time. As seen at this roof, the corroded parts of the thick-layed thatches are used for compost later, when al lot of different kins of worms creep out to be good food eat for hens and cocks. A kerogen lamp is seen with electricity not in service, a bamboo crate is hanging on the crossed bar, a big earthen pot doesn't have its lid, which shows nothing in it, In front of the wall papered with a newspaper, a bellow* is catching my eyes.

Bellows : t is a simple device to make the wind by turning the handle to remove empty heads of grains, chaffs and dust, etc.

초가집이야기

1979. 09. 08 | 양평군 옥천면 용천리

누런 초가집 앞뒤에 그 빛깔과 같은 벼가 가을을 재촉하고 있는 듯하다. 산 밑에 옹기종기 앉아 있는 몇 채 안되는 마을인데, 집 구조들을 보면 꼭 부속 건물이 한 채씩 딸려있는 것을 볼 수 있다. 본채는 말할 것도 없이 삶의 터전이지만 부속건물들은 헛간이나 측간(변소)이다.
어린 시절을 뒷동산이나 앞들이 있는 시골에서 자란 사람들에게는 그때의 그리움을 자아내기에 충분한 사진이다.

In front and back of the darkish yellow thatched houses, rice plants in the same color look to press autumn to came in a hurry. This is a village of few house gathering sparsely at the foot of mountain. Each house is seen to have its own annex, which must be barn or toilet shed. To those who grew up in the country of back hillock and front yard, this picture will surely bring the old good days.

The Story of Thatched Houses

1979. 09. 08 | 양평군 옥천면 용천리

이 초가집의 터는 좋은 명당자리 인 듯 보였다. 집 또한 독특한 구상의 ㄷ자형으로 지어져 있으며, 울타리는 있는데 사립문이 없는 것이 특징이다. 아버지는 툇마루에 앉아 무료한 한낮을 보내고 있는데 아들은 지게를 지고 농사일을 나가려다 나를 보고 미소 짓는다. 그 순간을 찰칵….
집 뒤의 푸른 초원이 나더러 와서 솔바람 한 줌 쐬고 가라고 손짓하는 듯한데, 시간 관계상 다음을 기약하며 발길을 돌릴 수밖에 없었다.

The site of this thatched house seemed a very good place for housing. It is built with the unique style of 'ㄷ', there is a fence, but no twig gate. An old man is spending a leisurely afternoon, his son stops and grins at me on his way to fields. I couldn't lose the moment, "Click".

Koreans' Native House | 97

1989. 09. 24 | 경기도 용인시 기흥구 한국민속촌

韓國民俗寸(한국민속촌)

경기도 용인시 기흥읍 보라리에 위치한 민속촌, 서울에서 남쪽으로 41km, 경부 고속도로 신갈IC에서 동남쪽으로 3km 지점에 있다. 민속문화자원의 보존, 2세 교육을 위한 현장 학습장, 내국인·외국인을 위한 전통 문화의 소개 등을 설립 취지로 하여 1973년에 착공하여 1974년에 완공되었다. 민속촌의 구성은 조선 시대 후기의 한 시기를 선택하여 당시의 생활상을 재현하고자 하는데 초점을 맞추고 있다. 즉, 당대의 사, 농, 공, 상위 계층별 의식과 문화, 사회적 제도와 무속, 신앙, 풍속 등을 단위 지역으로 표출하고 있다. 또 지역별로 특색을 갖춘 농가, 민가, 관아, 서원 한약방, 글방, 대장간, 누정 등을 비롯하여 99칸짜리 양반 주택과 토호 주택이 재현되어 있고 농악, 줄타기, 혼례의식, 민속놀이, 기타 세시풍속 등 무형의 문화 자료도 토, 일요일 오후에 연기되고 있다. (사진 항공 촬영)

Korea Folk Village

It is located at Bora-ri, Giheung-eup, Yongin Gyunggi Province, 41km south of Seoul, more exactly, 13km away southeast from Shingal I.C. Gyungbu Highway. With the motto of preserving national culture resources, providing the learning space for our next generation, and introducing the traditional culture and folklore for citizens and fireigners, it started to be built in 1973 and completed in the next year, 1974. It focuses on the life style of the late Chosum dynasty, with the food, clothing and housing of the social classes of governmental officials, farmers, engineering and trade, supported with the social systems, shamanist practice, religion, and custom, etc., divided by unit location. It reproduces locally-characterized farmer's houses, ordinary houses, governmental houses, ancient schools herbal shops, writing houses, black smith's and mills, etc. along with 99'kan' mansions of noblemen, and earthen shacks. It also performs intangible culture assets such as farming music, walking on tightrope, ancient wedding ceremony, and other customs of the times in the afternoon on Saturdays and Sundays (Aerial photo)

The Story of Thatched Houses

1989. 09. 24 | 경기도 용인시 기흥구 한국민속촌

옛 장터에서는 빈대떡, 막걸리, 장국밥 등의 구수한 냄새가 관람객들의 발걸음을 멈추게 하고, 민속박물관에서는 조선 시대의 계급별 옷가지, 노리개 등과 온갖 민구(民具)가 전시되어있으며, 아낙네의 베 짜는 장면, 글방의 풍경도 재현되고 있다.
또한, 버들, 싸리, 죽세공, 자수, 매듭, 한지, 직조, 민속 가구 등의 제작기능, 기법 등을 재현 해 노이는 그야말로 움직이는 "박물관"에서는 여러 가지 물품도 판매하고 있다.
한국민속촌은 약 30여 만 평의 부지에 조선 시대 500여 년의 생활과 풍습을 재현한 곳으로 우리나라의 대표적 민속촌이다. 내국인은 물론이고 외국 관광객은 꼭 한번 방문하여 관람해보는 것도 매우 바람직하며 우리나라를 알리는 좋은 계기가 된다.
(사진 항공 촬영)

In old marketplace, people stopped and gathered at the savory small of bindaedduk(Korean-style pizza), makguli(Korean traditional rice wine), janggukbab(steamed rice mized in broth), etc. In the folk museum, the various clothes and attires according to social standings, playthings, and also spinster's weaving and the scenes of old school are reproduced. This can be called literally "a walking in museum" with showing techniques and skills using willow, bush clover, bamboo, embroidery, Korean conventional paper, and making folk furniture, along with weaving, which are sold there The Korean Folk Village is the typical place that reproduces the life style and customs of time-honored 500 years of Chosun kingdom on the site of about 300,000 pyung(3.3 square meters). (Aerial photo)

초가집이야기

1985. 01. 27 | 경기도 용인시 기흥구 한국민속촌

정든 나무에 낙엽이 지는가 싶더니, 오고 가는 설렘 속에 첫눈이 내려 초가지붕에도 미루나무 까치집에도 새하얀 눈이 수북이 내렸다. 첫눈이 내리는 날, 까치가 울면 멀리서 반가운 손님이 온다는 말이 있어서 사람들은 "까치"를 길조라고 했다. 그런데 요즘은 전신주에 집을 지어 정전사고의 원인이 되고 과수원 과일을 쪼아 먹는다 하여 천덕꾸러기 취급을 받고 있는 것이 현실이다. 신은 모든 날짐승과 들짐승 그리고 인간이 자연에서 함께 살도록 지으셨는데 인간이 자연을 파괴하니 자기들이 살 곳이 마땅치 않고 먹을 것이 없으니 어쩔 수 없이 전신주에 집을 짓고 과일을 쪼아 먹을 수밖에 없는 현실에 어쩌면 까치들은 우리 인간들에게 이렇게 항변하고 있는지도 모르겠다.
"인간들이여! 부디 우리가 살 자연을 파괴하지 말아 달라고 그래야 더불어 살아갈 수 있지 않겠느냐"고 "그래야만 당신들의 후손들도 이 땅(자연)에서 건강하게 살 수 있다."고… (동그라미 안 까치집)

Before I knew the leaves on the trees turned yellow, the first snow came down, in the hectic mood of seasonal change, on the thatch roofs and magpie's nest. People callled the magpie an auspicious bird, because, if the magpie sngs on the day of the first snow, an welcome guest comes from a distance. However, it is treated as a despised bird nowadays, as it causes a power failure because it builds its nest on electric poles and peck at the fruits in orchards. The magpies may say to man, "The God creates all the wildlife to live in harmony with human, but man destroys the nature, resulting the wild animals and birds to lose their nests, making them on electrical poles and forcing them to eat fruits in orchards." Please, people!, don't destroy the Mother Nature in which we live together with you! (a magpie's nest in circle)

전신주 위에 까치 집
A magpie´s nest on a electrical pole

The Story of Thatched Houses

겹겹이 해마다 이은 지붕 위에 계절이 오가는 것을 우리 인간에게 실감 나도록 이해라도 시키려는 듯 새 하얀 눈이 한 겹 두 겹 덮여 있다가 지쳐 녹아내리는 물은 처마 밑에 고드름으로 진화하여 달린다. 3~40대 이상 세대들에겐 동심으로 돌아가게 하는 고드름이, 햇빛이 비치면 몸이 다이어트 되었다가 사라지고 말겠지! 순간순간을 신께 늘 감사하는 마음을 느끼며 살아가는 사람들에게 가을 지나 내리는 첫눈은 커다란 축복이다.
추녀 밑에 겨울 식구들의 국거리인 영양이 풍부한 시래기가 풍성하게 걸려있고 벽에는 온갖 살림 도구들이 걸려있어 한층 시골 생활상을 실감케 하는 사진이다.

As if trying to have us, human, understand the seasons come and go on the roof replaced fold after fold with new thatches year in year our, the icicles hang at the end of roofs, formed from the water melting from the stacked snow. It is a great blessing to those old generation who have thankful mind the God for the first snow coming, after the season of fall passed by. The dried radish leaves for the cooking of wintry broth hang richly from the protruding corners of the eave, and various kinds of house-wares are on the wall, bringing myself to realty of life.

초가집이야기

1985. 01. 27 | 경기도 용인시 기흥구 한국민속촌

밤새 소리 없이 눈이 내려 삼라만상을 흰색으로 색칠해 놓은 아름다운 세상! 이럴 때 가끔은 산짐승들이 먹을 것을 찾아 시골 집으로 내려오기도 하였다. 하지만 집으로 들어온 짐승들은 잡아먹지 않고 돌려보냈다.
이유는 그것들을 잡아먹으면 집안에 흉한 일이 생긴다는 속설(俗說) 때문이다.

A gorgeously beautiful world painted white by the snow that came down all thru the night soundlessly! The thatch-roofs changed into white clothes stand out dazzling in splendor. At this time, the wild animals in mountains come down sometimes to the village in the country for their feed.

The Story of Thatched Houses

1985. 01. 27 | 경기도 용인시 기흥구 한국민속촌

자연의 섭리 속에 헐벗은 나무와 소나무 위에도, 둥그스름한 초가지붕에도 흰 눈이 내려앉았다. 그 모습이 마치 찐빵처럼 보인다. 활짝 열어 재친 대문으로 보이는 장독대가 사람 사는 것을 말해주며, 대문 옆 울타리엔 보기 드물게 수숫대가 묶어져 자기 쓰일 곳을 기다리고 있다. 어린 시절을 시골에서 자란 사람은 자고 나면 집 마당과 사방에 눈이 내려 있으면 괜히 마음이 들떠 눈 위를 걸어 다니며 발자국을 남기고, 눈이 오고 바람이 불어 발자국이 메워지면 또 발자국을 남기고, 어쩌면 우리 인생의 생애도 발자국과 같은 것인지도 모른다.

By provision of nature, this naked pine tree and the round thatch-roof are covered with the white snow, which looks like a "Jjinbbang"(steamed bread with sweet bean jam in it), The wide-open gate shows "Jangdokdae"(a terrace where soy sauce crocks are placed), which shows again that this house has a family to live in, and the dried millet stalks that are bound, leaning against the fence by the gate, which is not commonly seen, are waiting for their being used. Those who were grown up in the country, when they found the white snow were grown up in the country, tread on the white snow to leave their footprint out of elated mind. The footprint disappeared by another snow and the wind, then they tried again to do it. Likewise, I think, our human life may be the footprint on the snow…

Koreans' Native House | 103

초가집이야기

광한루원廣寒樓苑
전북 남원시에 있는 누원. 사적 제303호.

지금의 광한루는 1170년 전중감이였던 황공유가 조그마한 서실을 지은 때부터 유래된다. 그후 1963년 주변의 토지를 매입하고 호수 주위를 정비하여 국악원, 월매月梅의 집과 방장섬에 육모정을 세웠으며, 1965년 영주각을 단청하고, 북쪽을 정문으로 써오던 것을 후문으로 삼고 남쪽에 따로이 정문을 신축, "광한청 허브"라는 현판을 써 걸었다.

이광한루는 이몽룡과 성춘향의〈춘향전〉으로 유명하여졌는데, 1931년에 지어진 춘향사에는 "만고열녀춘향사" 현판과 춘향의 영정이 봉인되어 있다. 사월초파일 춘향의 생일에는 춘향제와, 그네뛰기, 시조백일장, 씨름대회, 궁술대회, 춘향뽑기 등 각종 시민 행사가 행해지고 있다.

Gwanghanroo Flower Garden
Historic site No.303 Namwon, Geonbook Province

The present Gwanghanroo was originated by Hwang, Gong-yoo, an high official, when he built a small book-keeping hall in 1170. In 1963, the peripheral land was purchased and the lakeside was rearranged so that Korean Classical Music Hall and Wolmae house were constructed, and the hexagonal pavilion was built. In 1965, Youbgjoo Tower was repainted, and the main gate standing in the north was changed to the back gate, with the new main gate was set up in the south, instead, and the tablet, "Gwanghanchung Hub" was started to hung. Gwanghanroo became famous by the movie, 'Chunghyang Tale". The tablet saying, "Eternal Virtuous Lady" and her portrait are enshrined in Chunghyang Temple built in 1931. On her birthday, in every April, Chunhyang Rite is held with various events, including contests of swing, Sizo(Korean ode) composing, and Korean wrestling, archery matchand Miss Chunhyang, etc. for citizens.

The Story of Thatched Houses

송참봉宋參奉 조선동내 초가집

조선시대 초가집을 재현再現 하여, 조선시대의 시대상을 볼 수 있도록 한 초가집이다. 초가에 대한 설명은 앞장에서 하였으니 생략하고, 황토벽에 짐을 얹고 기대어 있는 지게에 대해 설명을 한다.

지게란 우리나라의 대표적인 운반수단의 하나로, 양다리방아와 더불어 우리 민족이 발명한 것 중 가장 우수한 연장의 하나이다. 지게는 곡물을 비롯하여 나무, 거름 등 사람의 힘으로 나를 수 있는 대부분의 물건을 옮기는데 쓰며 사람에 따라 20kg에서 180kg까지 질 수 있다.

6.25전쟁 때 미군들이 자기 나라에는 집집마다 차들이 있는데 우리나라에는 집집마다 지게가 있는 것을 보고 많이 놀랐다 한다. 실제로 전쟁 때 험준한 산비탈에서 장비를 지게에 지고 옮기면서 그 편리함을 알았다 한다. 〈체험학습을 나온 학생들이 황토초가의 벽에 기대어 있는 지게에 대한 올바른 교육이 되었으면 하여 적었다〉

Thatched Roof House of Song, Chambong, at Chosun-dong

The thatch roofed house at the time of Chosun Era was reproduced to understand the then-trends. Refer to the aforementioned descriptions of the thatched house, and here, the jige(A-frame carrier) seen against the ocher wall with a load on it is explained. It is one of the typically excellent means of carrying varied things. invented by our ancestors. The jige can carry anything, such as woods and composts, etc. The loads that can be on it ranges from 20 kg to 180kg. During Korean civil war, The sight of the jige at every house in countrysides aroused much curiosity by the American soldiers, making them think the similar sites that houses in their hometown has cars.

They became to be aware of its usefulness, especially when it could be used for the military equipments to be easily carried on the steep mountain slopes. (I wish students in site learning trip would be given the correct knowledge if the jige.)

초가집이야기

1986. 11. 23 | 경기도 용인시 기흥구 한국민속촌

마치 초가지붕에서 줄타기하는 것처럼 보인다. 우리나라의 전통 민속놀이 중에 줄타기가 있다. 광대가 손에 부채를 들고 3~4m 높이의 줄 위에서 온갖 몸짓으로 묘기를 부린다.

예로부터 사당이라는 떠돌이 예능인(사당패)이 민간의 혼인 잔치, 생일잔치, 회갑잔치 또는 과거급제의 경사잔치에 줄타기를 보여주며 놀았다.

현재에는 곡예의 일종으로 서커스 같은 데서 그 명맥을 이어오고 있다. 한국민속촌에서 토, 일요일 오후 시간에 구경할 수 있다.

우리나라 줄타기가 중국, 일본을 비롯한 외국 줄타기와 다른 점은 단순한 몸 기술에 머무르는 것이 아니라, 거기에 노래와 재담을 곁들인다는 점이다. 그럼으로써 줄판은 멋스럽고 흥이 높을 뿐 아니라, 거기에 줄 타는 사람과 관객들이 함께 참여하여 놀이마당을 이루게 된다는 점이 다른 나라에 비해 뛰어나다.

The picture shows as if he is walking on a tightrope on a thatch roof. It is Korea's one of the folk plays, in which a performer walks or dances on a tightrope 3~4m high from a ground, fan in hand, displaying exquisite feats. From the ancient times, troupes of strolling players were hired to play on the special days such as wedding ceremonies, birthday parties, one's 60th birthday parties, and the ceremonial parties of passing national examinations, etc. In modern days, it barely keep its existence such as circus, etc. as an acrobatics. This performance is regularly seen on Saturday and Sunday in Korea Folk Village. The difference of korea's walking on tightrope from other countries is that ours is performed with songs and gags added, which leads viewers to join in the play it self.

The Story of Thatched Houses

1986. 11. 23 | 경기도 용인시 기흥구 한국민속촌

사진 ❶ 엮은 이엉을 지붕 위로 올리는 장면
사진 ❷ 지붕 위에 이엉을 덮고 있는 장면
사진 ❸ 볏짚 한 줌씩으로 이엉을 엮고 있다.

Photo ❶ The bound straw is carried on the roof
Photo ❷ È Placing the bound straw on the roof
Photo ❸ È making eeung by binding a bunch of straw

이엉 : 짚, 풀잎, 새 등으로 엮어 만든 지붕을 이는 재료 또는 그 지붕. 우리나라 서민가옥의 대표적인 지붕 재료로서 우리 민가의 조형미, 색감, 질감 등 일차 시각적 민족특성을 표현하는 기본재이다. 이엉의 엮기 방법이나 이기 방법 및 이엉 자체의 재료선택은 각지 지방적 특색을 가지고 있다.

예를 들면, 볏짚 길이를 이엉의 너비로 하고 계속 길게 엮어 두루마리를 만들어 놓고 지붕을 이는 방법과 지붕 면의 크기만 하게 엮어서 지붕 전체를 일시에 덮는 방법이 있다.

이엉은 가을 추수가 끝난 다음 볏짚으로 이엉을 엮어서 지붕 위에 그것의 바탕을 깔고 그 위에 엮어 놓은 이엉을 이고 그다음 용마름으로 덮고 새끼줄로 바람에 날리지 않도록 묶는다. (지방에 따라서는 대나무를 얹고 묶기도 한다.)

Eeung : Eeung is the roofing materials made with straw, grasses, or eulalia, or referred to the roofs made one of them. It can be said to be basic material to express Korea's national characteristic, displaying the unique color, feel, and formation of housing of commoners in the country in old times. Every region has its own method of choosing materials and binding them. After harvesting in fall, the straws are bound and spread them on the base of the roof, the ridge are placed, and finally the roof is tied with straw ropes so that the eeung wouldn't blow in the wind. (locally, bamboo is placed for reinforcing.)

초가집이야기

2004. 10. 18 | 가평군 상면 수목원로 아침고요수목원

바쁜 일상에서 잠시 벗어나 전국 초가집을 찍으면서 이 집을 발견하고 현대 전원주택의 모델이 아닌가 싶어 매우 흥분되었다. 현대의 시멘트로 지은 주택은 시멘트에서 발하는 독성 등이 각종 병 유발로 인체에 매우 유해하다. 반면 초가집은 황토와 목재에서 발생하는 원적외선 등의 기운은 생명의 기로써 인체에 매우 유익하고 자연 친화적이다.
수령이 꽤 오래된 느티나무가 너무도 멋스러워 화룡점정이라 하겠다.

Being away momentarily from the busy daily routine, and catching proper subjects around the country, I was thrilled, thinking that this thatch-roofed house is a model of modern-type pastoral house. The "Qui" of life emitting from ocher mud and infrared ray, etc. is said to be very helpful to human body, while, the cement-built houses are giving off toxic, which causes some kinds of adult diseases, very harmful to human body. The thatch-roofed house in the picture can be very nature-friendly one. Besides, the much-old maple tree serves as a finishing touch, playing an essential part to this picturesque scene.

The Story of Thatched Houses

1998. 10. 18 | 한국민속촌

집 앞마당에 쳐 놓은 천막은, 잔치나 손님을 맞을 때 비바람을 피하고 음식이나 술 등을 준비하기 위해 있는 것이다.
생일, 혼사, 취임이나 승진 등의 축하를 계기로 음식을 마련해서 손님을 불러 여러 사람이 즐기는 잔치는 먹고, 마시고, 노래하고 춤추며 흥겹게 노는 일종의 과정을 말한다.
마을 사람들 어른, 아이 할 것 없이 이날 하루는 잔치 덕에 배부르게 먹는 즐거움이 있고, 동네 아낙들은 음식을 장만하고 손님 접대를 헌신적으로 하는 아름답고 좋은 미풍양속이 있었다.

The tent put up in front of the house is for the use of placing food and drinks, etc. On the occasion of birth-day, wedding, promotion, and induction, etc., the various foods are prepared and guests are invited to caongratulate and have fun together among participants. It' a process of eating, drinking, singing and dacing, ets. All villagers, regardless of old and young, had a pleasant time of getting full, thanks to the revelling for the day, while women served guests in devotion, which was a traditionallh great custom.

무쇠솥이 걸려 있는 이 사진은 잔치할 때 많은 양의 밥과 국 등을 끓이는 곳이다. 의 굴뚝은 바람이 잘 통하여 다궁이 불이 잘 타도록 길게 만들어져 있는 것이 특징이다. 옆에 놓인 옹기그릇은 물이 필요할 때 쓸 수 있도록 놓인 물동이이다.

The cast iron caldron seen was for the use of boiling a large quantity of steamed rice and broth. The chimney above is well designed to be long for the fire can burn well by good wind blowing. The earthenware placed beside is used for the water basket.

초가집이야기

2004. 10. 18 | 가평군 상면 수목원로 아침고요수목원

가을은 인간에게 오곡백과를 풍성하게 결실해주는 계절인데, 이 한적한 시골집은 돌담보다 훨씬 긴 오이풀 사촌을 그 주변에 서 있게 하여 마지막 가는 가을 양광을 붙들려 하고 있는 붉은 빛이 초가집과 어울려 퍽 정서적인 사진이 되었다.

Autumn is a season that departs, giving everything it has to us. The quiet and secluded country thatched house has the burnets much longer than the stone fence standing around, stopping the autumnal sun from setting, the twilight becoming with the house, creating a piece of emotional scene.

The Story of Thatched Houses

1998. 07. 17 | 고양시 일산구 밤가시마을

이 집은 보기 드문 똬리 집인데, 지붕의 형태가 똬리처럼 둥근 모양을 하고, 집 벽은 완전히 붙어 있다. 앞마당에서 본 하늘은 둥글고 매우 좁다. 또한, 정면에서 초가집을 보면 마을 뒷산의 산세와 지붕의 곡선이 일치하는 것은 초가지붕만이 가지는 독특한 멋이다.

푸른 하늘 흰 구름이 똬리 지붕을 통해 우리 인간들이 사는 것을 궁금하게 생각하여 그 궁금증을 풀기 위해 갈 길을 잠시 멈추고 엿보고 있는 듯하다.

This is a rarely seen ring-shaped thatched house with the all of the walls are completely connected each other. The sky seen from the front yard round and very narrow. Seeing the house from the front, the terrain of the back mountain and the curved line of the thatch roof are in accord, which is the unique beauty that only a thatch-roof house can have. The white clouds in the blue sky seem to stop for a while, solving problems we, human has, thinking how we get on life day in day out.

Koreans' Native House | 111

초가집이야기

2007. 10. 7 | 한국민속촌

닭은 닭목 꿩 과에 중형의 조류로써 난용종, 육용종, 난육 겸용, 애완용, 투계용이 있으며 현재 우리나라에서 가장 많이 사육되고 있는 종류는 이탈리아 원산인 난육겸종의 백색 레그홍종이다. 벽에 걸려 있는 집 둥지는 암탉이 알을 품고 있는 것이며, 마당에 놓여 있는 대로 만든 빛 가리개는 밤에 어미 닭과 병아리들이 잠자는 곳이다. 암탉이 둥지에서 21일간 알을 품고 있으면 부화하여 병아리로 깨어난다.
어미 닭이 병아리들을 데리고 다니면서 먹이를 쪼아 먹게 하는 모습이 신비스럽다.

Hen is Belonging to the peacock family, its origin comes from the wild water hen growing wild in the present India and Southeast Asia. It is recorded the hen was bred from around AD 6~7 century. The hens are divided for the specific purpose of egg, meat, pet, and fight, etc. In Korea, the most popular kind is white leghorn for egg and meat, originated from italy. The nest hanging on the wall is a place where a hen bosoms eggs, and the averturned sun-shading basket on the yard is for the hens and chicks sleep at night. Eggs bosomed for 21 days by hens are hatched. It is curious to see that chicks try to peck feel the hen points to.

The Story of Thatched Houses

2007. 10. 7 | 한국민속촌

집집마다 시계가 흔치 않은 시절에는 새벽 시간어 장닭들이 "꼬끼오"하고 울어 시간을 정확히 알리는 신기한 현대판 알람 시계 역할을 톡톡히 했다.
벽에 걸려있는 대나무로 엮은 집은 해 질 무렵 어른 닭들이 들어가서 자는 곳으로 저녁에 족제비나, 살쾡이 등의 침입을 막는 역할을 한다.

The roosters played a great role of telling the time, by crowing, when most of the houses don't clocks, which was a just modern-type alarm clock. The bamboo-made coop hanging on the wall is a place where adult hens and cocks go in to sleep at dust, which is designed to keep weasels and wildcats, etc. from attacking.

Koreans' Native House | 113

초가집이야기

1979. 04. 29 | 강화로 건평리

헛간 옆에 돼지우리와 또한 닭장이 지어진 모습에서 지난날의 우리네 농촌집 구조 부속물을 읽게 해주는 자료 사진이다.
요즘처럼 돼지가 사료를 먹는 것이 아니고, 식구들이 먹다 남은 음식물 찌꺼기를 주면 깨끗이 먹어 치워서 지금처럼 음식물 처리로 고충을 겪을 일이 없었다. 요즘은 음식물 쓰레기를 돼지에 먹이려 해도 휴지며 이쑤시개 등 때문에 먹일 수 없다고 한다.
예전처럼 개인 집에서 소, 돼지를 키우기보다는 집단 사육하기 때문에 가축분뇨처리가 문제가 되기도 한다. 깨끗한 시설, 깨끗한 처리가 자연환경을 살리는 길임을 정부와 축산인들은 알아야 할것이다.

This is a documentary photo from which we came to know the house structure of the rural life. It shows that the pig's corral and the poop and the hencoop are located side by side by the barn. The pigs in old times used to eat up the food waste or garbage left from dish washing, not like the fodder these days Which got rid of the troubles as to how to deal with the left food. Nowadays, it is said that these food waste or garbage can not be used, because of tissue papers and toothpicks mixed in them. Not like older times when pigs were raided by individual houses, there are reared in large group, which causes a problem how to dispose the livestock excretions. Those who raise livestock should be aware that clean facilities and sanitary disposal is to way to save environment.

The Story of Thatched Houses

1979. 04. 29 | 강화로 건평리

전형적인 서민 초가집으로 안채는 햇빛이 잘 드는 남쪽을 향해 지어져 있고, 헛간 겸 측간은 입구 오른쪽에 지어져 있으며, 담장 또한, 야트막하게 쌓아 놓았다.
생업을 위해 바다에 나무 통통배가 고기잡이하고 있는 서울에서 가까운 강화도의 보기 드문 장면이 아닐 수 없다.

This is a typical thatched house of grass roots. The main quarters are facing south to draw more sunlight, with the barn and the toilet shed to the right of the entrance, along with the lower fence. A small motor-powered fishing boat is seen catching fish, which is a rare scene outskirts of Seoul.

초가집이야기

2003. 05. 01 | 제천시 청풍면 청풍명월

입춘(立春)은 일 년 24절기 중의 첫 번째 절기로 음력 1월, 양력 2월 4일경이며 태양의 환경이 315도에 와 있을 때, 봄으로 접어드는 절후이다.

입춘은 새해를 상징하는 절기로 이날 여러 가지 민속행사가 행해진다. 그중 하나가 입춘 첩을 써 붙이는 일이다. 각 가정에서 대문 그리고 기둥이나 대들보, 천장 등에 좋은 뜻의 글귀를 써 붙이는 것을 말한다.

좋을 글귀를 써 붙인 대문 사이로 보이는 초가집을 앵글에 넣어 서정적인 작품으로 만들어 보았다.

Ipchoon is the first day of beginning new spring (as the first of the 24 seasonal divisions according to the lunar calendar that falls on about the 4th of February), when the sun comes at 315 degree. On the occasion of Ipchoon that symbolizes new year, arious kinds of folk events are held. One of them is to write various phrases of wishing for new year in Chinese characters in calligraghy, and hang them on gates, posts, girders, and ceilings, etc. The thatch house behind was emotionally taken from a good angle thru gate.

The Story of Thatched Houses

1991. 10. 15 | 예산군 덕산면 충의사

박은 박과에 속하는 일년생 초본 식물로 아프리카 또는 열대 아시아 산의 덩굴 식물이며 잎은 청록색이고, 전체에 짧은 털이 있으며 덩굴손으로 감으면서 뻗는다. 잎은 호생하고 십자형 또는 신장형이며, 장상으로 옅게 갈라지고 끝부분에 연모가 있다. 꽃은 7~8월에 피고 백색이며 저녁때 수평으로 퍼졌다가 아침에 시들어 버린다. 장과는 30cm이고 다소 평평한 구형이며, 처음에는 털이 있으나 점차 없어지고 표피가 딱딱해진다. 표피가 굳은 장과를 삶은 다음 반으로 쪼개서 말렸다가 바가지로 사용한다.

Gourd is one of gourd family of chiefly one-year herbaceous tendril-bearing vines, its leaves bluish green. It blooms in white in July-August, opening on all sides toward evenings fades toward morning. It can be used for a container by boiling and drying after cutting half.

초가집이야기

1987. 10. 03 | 당진군 송악면

봄부터 땀 흘려 가꾼 대가로 용마름이 힘차게 뻗어있는 초가집 건너에 네 채의 초가집이 옹기종기 정답게 살고 있다. 마치 부모가 아들 4형제를 장가보내 근처에 따로 살림을 분가시켜 사는 것처럼 보이며, 풍년을 기약한 듯 누렇게 익어가는 벼가 가을이 오고 있음을 알리고 있다.

Across from the newly-covered thatched roof(seen in front) whose ridge spreads strong, which might be a fruition of toil and moil from spring, four thatch-roofed houses stand side, as if they are married off, living separately from their parents, and expecting a fruitful year. The rice plants growing darkish yellow into ripeness seem to quicken autumn.

The Story of Thatched Houses

1987. 10. C3 | 당진군 송악면

두툼한 볏짚 지붕 밑 처마에 달린 마늘이 값이 비싸지면 내다 팔려고 매달아 놓은 것이 뒤 텃밭에 풀과 대비하여 그 모습이 조금은 초라하게 보이지만 이 집주인은 이것을 팔아 자식들 학비도 주고 가용 돈도 쓰려고 마늘값이 올라가기만을 기다린다. 값이 폭락하기도 하고 오르기도 한다. 햇마늘에 길려 싸게 팔기도 했던 우리의 옛 농촌의 애환이 깃든 초가집이다. 지금은 값이 싼 중국산에 밀려 남해나 완도 마늘이 고전하고 있다니 신토불이 우리 것을 많이 사 먹는 국민적 관심이 필요하다 하겠다.

Garlics hung under the eaves of the thick thatch roof, waiting for sale for right price looks somewhat miserable, in contrast to the grass on the back yard. The owner of the house is probably thinking about paying for the tuition of his kids and his own pocket money, so, he is keen to hear the news of their price going up. Sometimes, their price fluctuates. The joys and sorrows lodge in this house, beat by the new crop of garlics. The garlics produced from Namhae or Jin-do fight against cheap Chinese-imported garlics. So, buy Korean

초가집이야기

1987. 10. 03 | 당진군 송악면

초가집 주변의 이곳저곳에서 가을이 오는 것을 느끼게 하며, 이제 지붕도 한 겹 더 얹어져 겨울을 맞을 것이다. 집 앞 울타리는 수수깡과 잡목들을 성기게 엮어 둘러놓았는데 동부 줄기며 옥수수와 오이 넝쿨들이 가는 세월 탓으로 쇠락해 가고, 겨울 김장배추와 깨 꽃은 아직 젊음을 뽐내고 있다.

Autumn is coming from the surrounding around the thatch-roofed house. Soon, the thatch roof would have another layer of thatches for winter. The fence in front of the house is weaved roughly with millet stalks and scrub trees. Where cowpea shafts and the vines of corn and cucumber get desolate with aging, the white cabbages for wintry Kimjang and the flowers of gingili plant are in their prime time.

The Story of Thatched Houses

1987. 10. 03 | 당진군 송악면

사진작가들은 틈틈이 촬영하러 이곳저곳 돌아다니다가 촬영 대상을 발견하면 먼저 구도를 잡고 방향은 순광이 아니면 역광이나 측광이나 반 역광 등으로 찍을 것인가를 정하고 주제와 부제를 선정한 다음 여러 가지로 위치를 바꾸어 필름을 아끼지 않고 셔터를 눌러 집에 돌아와 현상해 보아, 만족할 만한 작품을 얻으면 이보다 더한 기쁨은 없다. 그것은 체험해 본 사람만이 알 것이다. 이제 퇴락해 가는 초가집 콩밭 옆에 고개 숙이려는 수수를 부제 삼아 반 역광을 이용하여 아웃포커스로 더욱 정적인 작품으로 만들어 보았다.

We, photographers wander around to search for their own subjects. Once finding them, we get into the hard work of choosing the position and composition, and lighting from front, back, semi back, etc, and also, selecting the main and minor subjects with no sparing films. The most joyful moment is when we get the satisfactory photos from developing them. It can be known to those who experienced them. Now, with the millets hanging down by the bean field beside the shabby thatch house used for minor subject, I tried more still picture with semi backlight out of focus.

초가집이야기

1987. 10. 03 | 당진군 송악면 천금리

거무스레하게 퇴락한 초가지붕의 마당에 가을의 마지막 햇빛에 땅콩을 말리려고 널고 있는 할머니 옆에서 손자가 고양이 꼬리를 잡고 있는데도 그것을 아랑곳하지 않고 카메라만 응시하고 있는 고양이 사진을 보면 지난날 우리 농촌 어린이들의 성장기의 한 단면을 볼 수 있다. 엄마 아빠들은 들일 나가고 없는데, 할머니와 함께 놀고 있으며 손녀는 부엌에서 감자를 들고 강아지와 함께 나오고 있다. 이것이 당시 농가의 한 단면이기도 하다.

On the yard in the last autumnal sunlight under the darkish aged thatch-roof house, a grandma is spreading peanuts on the straw mats, and her grandson is holding the tail of a cat which is glancing at the camera. This photo brings up a scene of kids growing in the country. Probably, Dad and Mom are in the field, this kid with his Grandma, her granddaughter coming out of the kitchen with some potatoes in her hand, with a puppy. This shows a typical scenr of Korea's countryside.

The Story of Thatched Houses

1987. 10. 03 | 당진군 송악면 천금리

이 장면을 촬영하면서 생의 희열을 느끼며 무척 행복했던 순간이었다. 덧없이 흐른 세월 탓에 고희를 맞는 지금도 이 작품을 보면 그때의 생각들이 떠오른다.

나무로 된 절구통 앞에 털썩 주저앉은 아이 손에 든 고구마에 고양이의 시선이 쏠려 있고, 황소와 누렁이는 나를 보는데 아이는 소를 쳐다보고 있는, 각기 다른 표정을 찍을 수 있었다.

각 표정은 다르지만 어쩌면 서로 사랑하는 마음은 같을 것이다. 비록 혈통이 다른 인간과 동물이 한 초가지붕 아래서 한 가족으로 살아간다는 것이 너무 행복해 보였으며, 지금은 볼 수 없는 큰 무쇠솥이 눈길을 끌 만하다.

I felt jubilant as shooting this picture, after my fleeting time of three score and ten. The kid is sitting plump, holding a sweet potato in front of the wood mortar, the cat is eyeing the sweet potato, while the bull and the yellowish dog are glancing at me, with him looking at the bull. There is one family in this photo, but their eyes rest on differently full of love. Isn't it happy to see a boy and animals exchanging their eyes, though biologically different! A big cast iron caldron that is rarely seen these days catches my eye.

Koreans' Native House | 123

초가집이야기

1991. 06. 06 | 부여군 임천면 칠산리

우리나라 전통 주거에 가장 간단하게 만들 수 있는 것이 산울타리인데, 살아있는 나무를 집터의 경계에 심어서 그 나무 자체가 울타리가 되게 한 것을 산울타리라 한다. 이러한 산울타리의 나무로는 가시나무, 탱자 개나리 등이 주로 쓰였는데, 이 집은 특이하게 앵두나무로 울타리를 만들었다. 이것은 군것질할 것이 귀한 시절 집주인이 앵두나무를 좋아하고 열매 또한 자식들을 먹이려고 했을 것이다.

들어가는 문은 옆에 있는데 앞 울타리에 개구멍이 나 있어 급할 때는 이곳을 사람도 이용한 듯 보인다.

The "sanwooltary", a fence, surrounding the thatched houses and their borderlines in countryside, is made up with some trees planted in place, mainly such as beech, hardy orange tree, and forsythia, etc. The one seen here is uniquely made with cherry trees, cherries of which might be eaten as a snack for kids. The main gate is on the left side, but, a doghole is seen in the center, which might be used for people to use when they were in a hurry.

The Story of Thatched Houses

1991. 06. 06 | 부여군 세도면

우리나라 촌락들의 충청 이남에서는 집 뒤편에 대나무가 자라는 곳이 간혹 있는데 계절에 따라 바람도 대나무 잎을 흔드는 것이 각기 다르다.
겨울이면 눈이 대나무 위에 얹어져 그 무게를 못 이겨 힘들어하는데 무정한 바람은 더욱더 세게 불어 무게를 더해 준다. 숲 속의 초가집 모습이 너무나 포근해 보이고, 텃논에 심은 모는 풍요로운 가을을 기약하며 자라고 있다.

In the soouthern area of Choongchung province, there are some bamboo fields near certain villages, and the it's different form them to be swayed by the season changes. In winter, the snow on the bamboo trees looks weighing down them, harder as the wind blows in harshly. The thatched house nests in the peaceful forest.

Koreans' Native House | 125

초가집이야기

1991. 09. 01 | 아산시 송악면 외암민속마을

옛날 우리네 선조들은 집을 지을 때 마당보다 집을 높이 올려 지었다. 이 집이 그렇기도 하지만, 보는 바와 같이 다른 집에 비해 단순하고 멋스러워 보인다. 또한, 마당 앞에는 귀한 향나무를 심었고 60년대 유행하던 슬레이트 지붕 위에 호박 넝쿨이 있고, 고추 말리는 것은 보기 드물게 대로 만든 와상이다. 그런데 이 와상은 성기게 엮어져 여름밤 그 위에 누워있으면 밑으로 바람이 솔솔 불어주어 시원함을 보태 주는 것이 조금은 과장되게 말하면 선풍기와 에어컨에 버금간다. 할머니 왼손에 낀 반지가 눈에 띄는데, 시집간 딸들이 환갑 기념으로 사 주었을까? 어머니, 어머니, 사랑하는 우리 어머니!

In old times, out ancestors build their houses on the higher ground. This house looks smart and nice-looking, compared to others. A rare aromatic tree is seen planted in the front yard, and ground vines are on the slate roof that was popular in 60's, and hot peppers are dried on a bedstead. The bedstead played a great role of air conditioner, winds blowing in from the undermeath when you lie on back in summer night.

The Story of Thatched Houses

1991. 09. 01   아산시 송악면 외암민속마을

해바라기는 해를 무던히도 닮아 해바라기일까? 해를 따라 피기 때문에 해바라기일까? 해는 서산에 지려 하는데, 해바라기는 마지막 햇빛을 받으며 내일이 오기를 기다리고 있는지 모른다.
돌담 위에 호박 넝쿨이 무성하게 누런 영양 덩이가 영글어 있다. 해바라기 몇 그루를 앵글에 넣어 전체적인 화면을 가을이 오고 있음을 느끼게 측광(옆)으로 촬영하였다.

I wonder the sunflower was named because it tried hard to take after the sun, or to bloom year by year. The sunflowers mau wait for tomorrow in the day's last sunshine. On the stone fence, the pumpkin vines are thick, with pumpkins ripening. This photo was taken to show the season fall was coming, with a few sunflowers in side light.

Koreans' Native House | 127

초가집이야기

1991. 09. 01 | 아산시 송악면 외암민속마을

우리나라 전통 주거의 귀한 ㄱ자 모형의 초가집 앞에 너무나도 질감이 좋은 들깻잎이 오후 늦게 역광에 더욱더 풍성해 보인다. 뒤뜰에 나뭇잎들은 얼마 있지 않으면 정든 가지를 떠나 자연으로 돌아가려고 마지막 햇빛과 밀어를 속삭이고 있는 듯하다.

In front of the 'ㄱ' shaped thatched house which is hardly seen, the great-looking leaves of green perilla look more rich in the back light in the late aftermoon. The leaves of trees in the back yard seems to have a last talk with the sun, trying to return to the naturn, leaving the their attached branches.

The Story of Thatched Houses

1991. 09. 01 | 아산시 송악면 외암민속마을

초가집 울타리에 좀처럼 보기 드문 대츠나무!
세월따라 알알이 익어가는 대추, "대추를 보고 먹지 않으면 쉬 늙는다." 하는 우리 속담이 있는데 촬영할 때에는 아직 맛이 들지 않아 먹어 보지 못했는데 그래서 지금 이렇게 머리카락이 희어지며 늙어가고 있는가 보다.
흙담 위에 무성한 호박잎 사이로 잘 익은 호박덩이들이 방긋 웃으며 나를 반긴다.

A rarely-seen Jujubes by the fence! The jujubes are getting ripen grain by grain. An old saying goes, "You can are easily not to eat jujube." I though I am getting old with my hair getting grey, because I couldn't have a chance of tasting them, out of season, when I was busy shoothing photos. Well-ripen pumpkins visible among their leaves on the earthen fence greets me.

Koreans' Native House | 129

초가집이야기

1991. 10. 03 | 금산군 군북면 구억리

겨울, 봄, 여름, 가을을 지나오면서 쇠락한 담장에 호박 3덩이가 익어가고 있다. 호박을 키우기 위해 최선을 다한 줄기와 잎은 그 역할을 다 한양 시들어가고 있고, 호박꽃도 꽃이냐고 호박을 비하하는 말을 하는데, 이것은 호박의 진가를 모르고 하는 소리다. 열매채소 중에 열매가 가장 큰 것이 호박이다. (큰 것은 무게가 100kg이 넘는 것도 있다 한다.)

호박에는 레시틴이라는 비타민을 함유하고 있어 암을 예방하며, 여러 가지 음식을 만드는데 많이 쓰인다. 특히 누렇게 잘 익은 호박으로 만든 호박죽은 언제 먹어도 그 맛은 일품이다.

The three pumpkins on the shabby fence over time are ripening. The stalks and leaves did their best to grow them, which are withering now. There is a disparaging remarks, the pumpkin flowers don't deserve to be called flowers, but people don't appreciate the real value of the pumpkins. The pumpkin has the largest fruit among other fruits. (sometimes over 10kg.) They contain much lecithin, a protein, to protect cancer and to be used for various food. Try the pumpkin porridge and you feel excellent.

The Story of Thatched Houses

1991. 10. 03 | 금산군 진산면 엄정리

초가집 옆에 대나무와 감나무, 밤나무가 함께 어우러져 보기에도 좋다. 뒤 처마 밑에는 필요할 때 쓰려고 짚단들이 잘 정리되어 있다. 그리고 장독대엔 옹기그릇마다 간장, 된장, 고추장, 젓갈 등 기타 밑반찬들이 담겨있는 듯 뚜껑이 다 덮여있는데 유독 시루만 거꾸로 엎어져 있다. "떡 쪄 먹고 시루 엎어 놓았다"(볼일 다 보았다.)는 우리 속담을 설명이라도 하려는 듯…

The bamboos, persimmon trees, and chestnut trees in harmony give a good composition. Sheaves of straw in the back under the eaves are well tidied up for use. On the jar stand, all jars are covered, seemingly containing been paste, soy sauce, hot pepper sauce, and salted fish intestines, etc. except for one, an up-side-down rice-cake steamer, which reminds me of an old saying, "place the rice-cake steamer with the bottom up", (meaning that I an finished with my work) so I feel relieved.

초가집이야기

1991. 10. 03 | 금산군 군북면 구억리

고추를 말리기는 말려야 하는데, 멍석을 들 힘이 없어 비닐(부직포) 위에 고추를 널어 놓고 잘 마르기를 바라보고 있는 할머니 얼굴에는 무언가를 기다리고 있는 듯하다. 어쩌면 객지에 나간 손자들이 보고 싶어, 대문을 열어 놓고 "할머니" 하면서 들어오는 것을 기대하는가 보다. 집만큼이나 늙고 야윈 할머니 모습에서 늙음을 다시 한 번 생각하게 한다.
열어 놓은 부엌문 너머로 장독대의 정돈된 질그릇 모습에서 할머니의 정갈스러움이 엿보인다.

A grandms's face looks to wait for something, watching the hot peppers being dried on the non-woven fabric mat used instead of a straw mat, because it is heavy for her. Maybe, she is envisioning her grandchildren are coming to her who live far away in cities, opening ghe gate wide. From her look as old and thin as the house, I think again about aging of human. The jar stand in sight over thru the opened kitchen back door makes to feel clean and neat of her.

1980. 05. 17 | 춘천 양로원

The Story of Thatched Houses

멍석은 곡식을 말리는 데 쓰기도 하지만, 집안에 큰 일이 있을 때 마당에 깔아 손님을 맞기도하며 가난한 집에서는 방에다 깔고 지내기도 하였다.

멍석은 일명 덕석이라고도 하며 여름밤에 이것을 만들 때 동네 사랑방 마당에 앉아 보리대에 생풀을 섞어 그것을 태우면서 모기를 쫓고 졸음을 참으며 짧은 여름밤에 10~15일 사이에 하나씩 만들었다.

A straw mat was used for drying cereals, cushions for guests at gatherings, and placing on the floor in poor houses. usually, neighbors got together to make straw mats at night, chasing away mosquitos by burning raw grass put on barley stalks. About 10~15 days were needed to make one straw

▲ 골뭉태 A mesh bag

짚신은 신발대용으로 착용했으며, 삼을 섞어 만든 짚신은 상주들이 신기도 한다. 이제는 멍석이나 짚신을 만들고 삼는 모습은 역사의 뒤안길로 사라지고 볼 수 없게 되었다.

(옛날에 산수(山水) 좋고, 인심(人心) 좋은 아름다운 시골에 아들 형제가 있었는데, 한 아들은 짚신 장사를 하고 또 다른 아들은 우산 장사를 하며 살았는데, 아버지는 비가 오면 짚신이 팔리지 않고, 날씨가 좋으면 우산이 팔리지 않아 매일 매일 두 아들 걱정만 하고 있어서 "걱정도 팔자"라는 속담이 생겼다고 한다.)

Straw whoes were shoes for the people in old days, and straw shoes that made mixed with hemp were used by the chief mourners. Now, the senes of making them was faded out in the dustbin of history. (There were two brothers in a good-naatured village, thew old brother sols straw shoes, and the younger sold unbrellas. When it rained, straw shoes couldn't be sold, and when it was fine, umbrellas couldn't be sold. So their Dad worried every day, from which the phrase of "you were born to worry. came.")

▲ 새끼줄 A straw rope

▲ 짚신 A pair of straw shoes

Koreans' Native House | 133

초가집이야기

1979. 01. 07 | 논산군 가야곡면 산노리

이곳은 내가 어렸을 적에 다니던 시골, 수십 년이 지난 어느 겨울날 우연히 이곳을 지나다 찍은 사진이다. 보편적으로 널따란 집인데 잘 정돈된 풍경이다.

다른 나무들은 겨울 추위에 잎을 다 자연으로 돌려보냈는데 낮은 언덕 위 소나무만은 푸름을 그대로 간직하고 있다.

소와 닭이 있는데 서로 무관심한 표정이다. 그래서 "소 닭 보듯 닭 소 보듯" 하는 속담이 있나 보다.

This is where I used to pass by in my youth. I happened to walk on in an winter and took this photo. This is a relatively large thatached house, well arranged. Other trees sent their leaves back to the nature, but the pine trees on the low hill maintain their greens. A cow and hens are seen, looking indifferent each other, reminding the phrase, "cow and chicken takes no intimacy."

The Story of Thatched Houses

1987. 07. 11 | 울주군 삼동면 조일리 보삼마을

우리 조상들은 전통적인 민가에서 울타리를 쳐서 다른 집과 경계를 지었는데 울타리의 종류는 재료에 따라 살아있는 나무를 연달아 심은 산울타리. 즉 산울, 나무줄기를 이용하거나 이엉 등의 식물성 재료를 써서 만든 바지울, 흙으로 쌓은 토담, 돌과 흙으로 쌓은 돌각담, 돌과 벽돌로 쌓은 담장, 벽들만으로 구축한 전장 등으로 분류한다.

다른 집들과 돌각담으로 경계를 이룬 초가집 지붕 위를 흐르는 흰 구름을 역광으로 보다 현장감 있는 화면으로 만들어 조금은 삽상하게 보이는 집들을 분위기 있게 하였다.

In a rural place, a fence was variously made of trees, wood branched or sheaves of straw, mud and dirt, stone and mud, and stone and brick, or only brick, etc.

Over the thatched roof of cottages bordered by fences of stone and mud, I tried to take this scene of white fluffy clouds flowing more realistic against the light.

초가집이야기

1987. 07. 11 | 울주군 삼동면 조일리 보삼마을

이 집의 형태는 하도 특이해서 촬영하였다. 한 지붕 아래 한쪽은 방이고 한쪽은 소 외양간이다. 방은 외부 사람이 오면 자는 곳이다. 외양간은 중소 한 마리가 차지하고 있다.

이 외양간의 소는 코뚜레가 끼어있지 않은 것을 볼 수 있다. 이 정도면 코를 꼬챙이로 뚫어 코뚜레를 넣고 얼굴 양 앞에 줄로 묶어 고삐를 길게 하여 이리저리 몰고 다니며, 코뚜레는 일면 자동차의 핸들 역할을 하였으며 브레이크 역할도 한다.

벽 한쪽에는 마당을 쓸 때 쓰는 빗자루, 삽, 쇠스랑, 갈퀴 등이 정돈되어 있다. 이러한 특이한 점들이 시간이 지나면 다시 찍을 수 없을 것 같았다. 이것이 지금은 귀중한 자료가 되어 가슴 뿌듯한 보람을 느낀다.

세월이 덧없이 흐른 지금 외양간 소의 안부가 궁금하기만 하다.

The uniqueness of this thatched cottage drew my attention. Right next to the room, this stable is annexed. A poor peasant was allowed to raise up a cow from a farmer, which was grown up after about 2 years, than the peasant was rewarded with a calf from its owner. The cow was an indispensable property in rural household. The cow is seen without its nose ring. A cow this size is supposed to have its nose block put, which played a steering wheel or brake of automobile these days. On the wall, a besom, a forked rake, and some plows are hung arranged on the shelf. My heart is full of fruitful labors. The photo remains a precious material to fading history.

The Story of Thatched Houses

1987. 07. 11 | 울주군 삼등면 조일리 보삼마을

보삼(保三)마을 : 임진왜란, 정유재란, 병자호란 등 3번의 큰 난리를 잘 대처하였다 하여 보삼(保三)마을이라 붙여진 이름이다. 보삼마을은 해발 762m의 정족산의 600m의 높은 고지에 자리 잡고 있다. 억새가 많이 자라는 곳이라서 억새를 이용한 초가집을 지었다. 억새로 지은 초가집은 여름에는 시원하고 겨울에는 보온이 잘 되어 매우 따뜻하다고 한다. 짙은 녹색 숲 속에 가지런히 자리 잡은 초가집이 어울린다. 최근에는 많이 개량되어 옛 정취를 느끼기엔 아쉬움이 많이 있다.
사진상으로는 질감이 조금은 거칠어 보이지만, 싱그러운 초목들이 생기가 넘치는 모습이 보기 좋았다.

This village, located 600 meter high slope of Mt. Jungkok 762 meters above the sea level, is called Bosam that means that the village made a contribution to fight against invasions from foreign forces in Chosun Dynasty. The cottages are roofed with pampas grass which grows a lot here. The pampas grass roofs are said cool in summer and warm in winter, keeping warmth. The thickly-densified greenery, though somewhat roughly seen, is well matched with the cottages. recently, they were improved, with their own charms lost.

초가집이야기

1987. 07. 11 | 울주군 삼동면 조일리 보삼마을

우리 조상들은 집터의 선정에 있어서 "명당"의 판단 기준이 음양 기운의 조화, 땅과 하늘의 기운이 만나는 곳으로 음과 양이 서로 교차하면서 조화를 이룬 공간 안에서 사람이 생활하여야 모든 일이 잘되고 가족이 건강할 수 있다고 생각하여 집터 선정을 신중히 하였다. 이 초가집은 안채와 사랑채에서 음양의 조화를 엿볼 수 있으며 금방이라도 서로 껴안을 듯한 다정한 모습이다. 그리고 사랑채의 이엉이 앞으로 흘러나온 것이 마당에 빗물이 흘러내리는 것을 막기 위한 듯한데 그 모습이 측광에 눈이 부시다.

Choosing the housing lot was a very important thing to our ancestors. The good place to build a house on should be one where the spirits of earth and heaven and Yang and Yang are met to give harmony, therefore, people living in the well-selected house are well off. This thatched cottage was built on the basis of the theory, where the main and outer quarters is set hand and glove, looking to embrace any moment.

The Story of Thatched Houses

1992. 09 | 순주근 낙동면 수정리

현재에 있어서 지난날 우리네 농촌의 한 일면을 조명해 볼 수 있는 중요한 자료 사진이다. 집 주변의 길들은 농로로써 좁게 나 있으며 논과 밭이 적게 있는 산을 이용해 우마차가 다닐 수 있는 길을 조금 넓게 만들어 놓은 길 양옆에 지어진 집 구조가 비슷한 걸로 보아 형제간들이 큰집에서 분가하면서 집을 그때 그때 지어서 사는 걸로 보인다. 안채만 크게 짓고 마당 앞과 옆에 헛간과 측간 등은 적고 비슷하게 지어진 점이 자료로써 충분한 가치가 있다 하겠다. (사진 : 항공촬영)

This photo is a good material for the old rural area. The farm roads are thinly sprawling all directions. By the some wider road for carts, there are two similar-looking thatched houses, The similarity of them shows that brothers in the same family appear to live after setting up a branch after married. The main quarters are built big, with barns and toilet shed small and same, which is worth data.

초가집이야기

양동마을 : 경북 경주시 강동면 양동리에 있는 지정민속마을은 중요민속자료 189호이며 이 마을은 조선 시대 입향(入鄕)한 이래 지금까지 세거(世居)하여 온 월성 손 씨(月城孫氏)와 여강 이 씨(驪江李氏)가 양대 문벌을 이루어 그들이 동족집단 마을로 계승하여 오고 있다. 먼저 입향한 손 씨는 이 씨의 외가로써 손, 이 양씨는 상호 통혼하여 인척 관계를 유지하고 마을의 대소사에 서로 협동해 오고 있다.

마을은 경주에서 16km쯤 떨어져 있으며 넓은 평야에 임한 거꾸로 勿 자형 산골짜기가 경주에서 흘드는 형산강을 서남방 역수(逆水)로 안은 지형이다. 이 역수 지형이 마을의 끊임없는 부의 원천이라 믿어 지금까지 내려오고 있다.

이곳에는 국보, 보물, 민속자료 등 많은 문화제가 있으며 마을 전체가 문화재로 지정되어 있다.

The Story of Thatched Houses

1990. 08. 26 | 경주시 강동면 양동마을

Wolsung Yang-dong Village : It is a folk village designated No.189, located at Yangdong-ri Gangdong-myon Gyungjoo Gyungsang Buk Province. The two clans of family name, Sohn originated from Wolsung and Lee from Yeogang have been inhabited since Chosun Dynasty. They are related in-laws to each other.

18kms or so away from Gyungjoo, this place of billage embraces reversely River Hyangsan running from Gyungjoo, and this reversed terrain is believed to have been bringing wealth and luck to them. There are various national treasures and folkloric assets, etc, in the village, as well. The entire village is designated as cultural asset.

Koreans' Native House | 141

초가집이야기

1990. 08. 26 | 경주시 강동면 양동마을

이 집을 촬영하면서 우리 민족이 얼마나 생활의 멋스러움을 느끼며 사는 것인가를 알 수 있었으며 또한 집 주인에 대한 호기심까지 생겼다. 집 들어가는 양옆에 한쪽은 코스모스를 심어 놓았고 우측은 돌로 제법 조경 흉내를 내고 꽃 대신 머위를 심어 나물로 해 먹은 지혜로움이 엿보이기 때문이다. 사진을 다 찍고 기다리고 있으니 얼굴이 코스모스처럼 청초한 처녀가 엄마와 함께 밭일을하고 그녀가 먼저 저녁밥 하러 들어오고 있었다.
그런데 그 손에는 들에 흔히 피는 개망초를 한 웅큼 꺾어 들고 있었다. 그녀의 머리에 코스모스 한 송이를 꽂아주며 사진 한 컷 찍자고 하니 쑥스러워 어쩔 줄 몰라 하며 거절하여 촬영하지 못했다. 세월이 이만치 흐른 지금 개망초 꽃을 든 아가씨 모습을 코스모스 핀 마당에서 사진을 찍지 못한 아쉬움이 남는다 하겠다.

This thatched house is tastefully arranged, showing how much our ancestors sought after living with gusto. Both along the road to lead to the house, cosmoses are planted and the right side is arranged with stones to imitate a good scenery, and butterburs are planted for cooking later, instead of any flowers. Some time after taking pictures, I happened to see Mother and her daughter, a pure-looking maid heading for the house. Noticing a handful of fleabane in her hand, I preposed to take a picture of her, but, was rejected out of shyness. Time passed this much now, I still feel regretful of not being able to take a picture of her.

142 | 우리의 옛집

한국영화 80년 속의
초가집이야기

한국영화 80년 속의 초가집이야기

The Story of Thatched Houses

1999. 10. 23 | 영광군

영화 '서편제'

제작년도 : 1993년
제작사 : 태흥
감독 : 임권택
주연 : 오정혜

한국영화 80년 속의 초가집이야기

1995~60대 전남 보성 소릿재, 동호는 주막 주인의 판소리 한 대목을 들으며 회상에 잠긴다. 소리꾼 유봉은 의붓아들 동호와 양딸 송화를 기르면서 소리를 가르친다.

The Story of Thatched Houses

한편 생활이 궁핍함을 참지 못하고 동호는 유봉에게서 도망을 친다. 유봉은 송화의 도망을 염려해 약을 먹여 눈을 멀게 한다. 눈이 먼 송화와 동호가 만나 북 장단 소리로 서로 쓸쓸한 재회를 한다.

한국영화 80년 속의 초가집이야기

영화 '박서방'

제작년도 : 1960년
제작사 : 화성영화사
감독 : 강대진
주연 : 김승호, 조미령, 김진규, 엄앵란

영화 '무정한 검객'

제작년도 : 1969년
제작사 : 태창
감독 : 심우섭
주연 : 구봉서, 서영춘, 최인숙

한국영화 80년 속의 초가집이야기

영화 '봄봄'

제작년도 : 1969년
제작사 : 태창영화사
감독 : 김수용
주연 : 신영균, 남정임, 허장강

The Story of Thatched Houses

점순이와 춘삼은 이미 물레방앗간에서 서로 불이 붙어 볼 일 다 보았는데, 욕심 많은 봉팔 영감은 그것도 모르고 점순이가 아직 어리다는 핑계로 결혼을 시켜주지 않아 안달이 난 춘삼은 마을 이장을 찾아가 도와 달라고 하여 이장부부가 점순이와 춘삼이를 결혼시켜주는 것이 좋지 않으냐고 말하자, 봉팔 영감이 자네가 왜 남의 일에 참견하느냐고 오히려 화를 내니, 이장 부부는 난감해하고 있다.

한국영화 80년 속의 초가집이야기

점순이와 혼례를 시켜 주지 않아 화가 나서 바지개에 거름을 담으면서 허는 둥 마는 둥 한 것을 본 봉팔은 춘삼의 멱살을 잡고 시비를 한다. 춘삼은 홧김에 당신 딸하고 이미 볼일을 보았다고 한다.

The Story of Thatched Houses

지금은 넓적하고 긴 돌다리가 시멘트 다리로 대체되어 볼 수 없는 화면이다. 도랑가 버드나무에 물이 오르듯 춘삼이와 점순이 가슴에도 춘정이 넘치는데, 소를 모는 춘삼이와 물동이를 인 점순이가 돌다리에서 만나 싱숭생숭한 마음을 어찌할 바를 모른다.

한국영화 80년 속의 초가집이야기

춘삼이는 장래에 봉필 영감네 딸 점순이와 결혼하여 데릴사위로 들어가기로 하고 머슴을 산다. 그런데 영감은 딸이 어리다고 결혼을 시켜주지 않아서 춘삼이는 심술을 부리고 있다.

The Story of Thatched Houses

풋풋한 봄 풀 내음에 정분 난 남녀가 어둠 컴컴한 물레방앗간안보다 따스한 봄볕이 나리쪼이는 언덕에서 여인의 젖가슴에 손을 넣고 밀어를 속삭인다. 저 멀리서 바지개를 진 더벅머리 총각은 호기심에 시선이 머문다.

한국영화 80년 속의 초가집이야기

영화 '땅'

제작년도 : 1966년
감독 : 김동혁
주연 : 이대엽, 태현실, 서영춘

The Story of Thatched Houses

단 한 평의 땅에도 애착을 갖는 한 농부의 아들이 농업대학을 졸업하고 와서 저수지를 갖는다고 한다. 그렇게 되면 그 농부의 땅이 얼마나 들어갈지 몰라 허락을 하지 않는다.

한국영화 80년 속의 초가집이야기

그래서 부자지간에 갈등이 생긴다. 아들의 성의 있는 설득으로 마침내 저수지가 완공되어 온 마을의 천수답이 수리안전답으로 변하여 풍성한 수확을 얻게 되었다.

The Story of Thatched Houses

영화 '산불'

제작년도 : 1967년
제작사 : 태창
감독 : 김수용
주연 : 신영균, 도금봉

한국영화 80년 속의 초가집이야기

영화 '오씽'

제작년도 : 1985년
제작사 : 삼영
감독 : 이상언
주연 : 안혜숙, 김민희, 진봉진

The Story of Thatched Houses

할머니가 주신 50전을 가지고 남의 집 더부살이로 팔려간다. 소녀는 또래들이 공부할 때에 애기를 본다. 세라복 교복을 입은 또래를 보며 부러워한다.

한국영화 80년 속의 초가집이야기

영화 '춘색호걸'

제작년도 : 1981년
제작사 : 태창
감독 : 박윤교
주연 : 유영국, 이미지

The Story of Thatched Houses

영화 '분례기'

제작년도 : 1971년
제작사 : 태창
감독 : 유현묵
주연 : 허장강, 이순재, 윤정희
제 10회 대종상 감독상, 여우주연상, 음악상, 녹음상

한국영화 80년 속의 초가집이야기

영화 '태백산맥'

제작년도 : 1994년

제작사 : 태흥

감독 : 임권택

주연 : 김명곤, 안성기, 오정혜, 김갑수

The Story of Thatched Houses

해방 후 좌, 우익의 대결이 심화되는 역사 속에서 48년 여순반란사건이 터져, 좌익들이 철교를 중심으로 활동하는 이야기. 한 가족이 좁은 방에서 서로 부대끼면서 살아가는 모습을 퍽 현실적으로 그리고 있어 역사적으로 귀한 자료이다. (영화 태백산맥의 한 장면)

한국영화 80년 속의 초가집이야기

영화 '과부'

제작년도 : 1978년
제작사 : 태창영화사
감독 : 조문진
주연 : 김희라, 고은아

The Story of Thatched Houses

시집온지 3년만에 과부가 된 한씨의 손자 며느리 점순과 한씨의 양아들이자 홀아비인 김초시와 단란한 생활을 한다. 그런데 이 가문에 힘좋고 허우대 좋은 떠돌이 머슴 두칠이가 들어오면서 파문이 일고 만다. 두칠은 점순과 가까이 할 때가 많아지면서, 오랜 가뭄 끝에 내린 벼 논의 물꼬를 보다가 남녀간이란 서로 가까이하면 불이 붙는다.
불이 붙으면 꺼져야 하는데 점순과 두칠의 육체에 붙은 불은 시간이 갈 수록 활활 탄다. 그러다 점순은 두칠의 아기를 낳는다.

그러자 이 가정에 회오리가 친다. 두칠은 아기를 꽤고 나가서 아들을 대학까지 가르치고 죽는다. 아들은 어머니인 점순을 찾아 오지만 점순은 매정하게 자신을 숨기고 아들을 돌려 보낸다. 지난날의 윤리와 도덕에 얽매인 우리네 여인들의 슬픈 이야기다. 싸리 광주리를 머리에 인 여인(麗人)의 자태가 너무나 곱다. 이것이 한국의 전통 여인상이라고 하면 무리일까. 그리고 이것이 한국 여성상의 정체성이라면, 그 누구도 토를 달지는 않겠지. (영화 '과부' 낙안민속촌)

Koreans' Native House | 167

한국영화 80년 속의 초가집이야기

영화 '뽕'

제작년도 : 1985년
제작사 : 태흥
감독 : 이두용
주연 : 이대근, 이미숙

The Story of Thatched Houses

일제치하의 용담골에는 투전꾼을 남편으로 둔 안협네라는 여인이 살고 있었다. 그녀의 남편은 몇 달에 한 번씩 집에 와 옷단 갈아입고는 투전할 돈만 얻어 가지고 간다.

한국영화 80년 속의 초가집이야기

안협네는 그런 남편을 기다리며, 생활을 마을 남자들이 곡물이며 금품을 주면 치마끈을 풀어준다. 그런데 동네 머슴인 삼돌이게 만은 치마끈을 풀어 주지 않는다.

The Story of Thatched Houses

삼돌이는 안협네를 온갖 회유와 협박을 하지만, 웬일인지 안협네는 치마끈을 꽁꽁 묶고 풀어 주질 않는다. 한편 돌아온 남편 삼보에게 삼돌이가 치마끈을 풀어달라고 한다며 고해바치니 삼보는 삼돌이를 흠씬 두들겨 팬다.

한국영화 80년 속의 초가집이야기

코피가 나게 얻어터진 삼돌이는 삼보에게 당신 마누라가 마을 남자들에게 치마끈을 풀어 치마 속이 마를 날이 없다고 일러바쳐도 아랑곳하지 않는다. 삼돌이는 추석날 안협네의 환심을 사려고 마을 사람들 앞에서 큰 나무 등걸을 들고 힘자랑을 한다.

The Story of Thatched Houses

안협네의 해푼 정조를 안 마을 부녀자들은 그런 못된놈의 버르장머리를 고쳐 주려고 벼 밭에서 온 몸이 상처투성이가 되도록 몰매를 때려도 남정네들이 쌀만 주면 오케이 하고, 치마끈을 풀고 또 푼다.

한국영화 80년 속의 초가집이야기

영화 '속 산불

제작년도 : 1977년
제작사 : 태창영화사
감독 : 김수용
주연 : 신성일, 전계현

The Story of Thatched Houses

전쟁은 평온한 산골짜기 마을에 비극의 씨를 뿌렸다. 전쟁으로 남자들이 귀한 곳에, 밤이면 대밭에 빨치산인 규복이가 마을 과부인 점례와 사랑을 나눈다. 이걸 안 마을 부녀자들이 점례를 둘러싸고 수군거린다.

한국영화 80년 속의 초가집이야기

영화 '무녀도'

제작년도 : 19725년
제작사 : 태창
감독 : 최하원
주연 : 윤정희, 허장강, 신영일
17회 대종상 여우주연상 촬영상 녹음상

The Story of Thatched Houses

모화는 소문난 무녀이다. 그런데 이 어민 촌에 예수교가 들어와 모화의 위신은 추락하기 시작한다. 무녀의 아들은 절에 가서 공부하고 돌아왔다고 속인다. 그러나 미국인 선교사에게 신학을 공부하고 돌아왔던 것이다. 이 사실을 안 모화의 노여움은 궤단하여 성경책을 찢고, 잡구를 쫓는다고 굿을 한다.

한국영화 80년 속의 초가집이야기

영화 '여자 대장쟁이'

제작년도 : 1982년
제작사 : 태창
감독 : 남기남
주연 : 이재영, 민진

The Story of Thatched Houses

백하촌은 3년마다 마을의 모든 경비를 책임지는 경비대장을 뽑는다. 지금의
경비대장 조칠은 포악하기로 소문이 자자해 마을 사람들의 원성이 높은데,
대장간의 딸 취취가 포악한 경비대장을 혼내주는 이야기

초가집이야기

낙안읍성

지난날 낙안읍성이 옛 모습들을 찍어오다. 지금은 어떻게 변화되었는지 궁금하여 올해에 두 번째 이곳을 방문하여 이곳저곳을 살피다가 성 밖의 집으로써 담 앞에 토란 대를 심고 가운데 땅콩을 그리고 가에 맨드라미를 일 열로 심어 놓아서 많은 관광객의 발걸음을 멈추게 하여 주고 있었다.

지방자치 단체에서 심었는지 집 주인이 심었는지 모르지만, 퍽 고무적인 일이라 생각되었으며 앞으로도 계속 집 주변을 잘 가꾸어 오고 가는 관광객들의 시선을 끌어 보람된 여행이 되도록 하는 것이 바람직스러운 일이 아닐까?

I used to take pictures around Nakahn-eup castle. At my second visit there out of curiosity, I came to take this photo of the thatched house where tares are planted in front of the fence, peanuts in the middle, and cockscombs by side in a row, which catch the eyes of many visitors. I wonder the flower bed is arranged by the house owner or local government, but ayway, very encouraging scene.

The Story of Thatched Houses

1993. 11. | 당진군 우강면 부장리

시골 초가집 헛간 채에 농사철에 대비해 쌓아놓은 비료 포대 옆에 개 두 마리가 모델이 되어 폼을 잡고 있다. 처음은 낯선 사람을 보고 짖어대어 사진 찍을 욕심으로 나무 막대기로 때리려는 시늉을 했더니 개들이 겁을 먹고 조용히 포즈를 취하면서 경계를 하고 있다. 이런 사진을 찍을 수 있었던 것이 지금은 추억으로 남으며 왜 이처럼 개들이 얌전하게 포즈를 취해 주었는지 의문스러움을 느끼며 다른 데로 도망가지 않는 모습을 보면 볼수록 견(犬) 선생들의 표정이 진지하다 못해 퍽 유머러스하기도 하다. 이처럼 얌전한 개들인데 어찌하여 "복날 개 패듯 한다"는 속담이 있을까 싶다.

The two dogs are taking a pose by the bags of fertilizer in the barn. At a stranger, they were fiercely snarling at me first, but I gestured to whip them with a stick to lead them in a position, and obviously they were intimidated. I wonder what made them to be quiet and still posed like this. Their look is serious as much as I think.

초가집이야기

1990. 08. 26 | 경주시 강릉면 양촌마을

앞집과 뒷집이 흙과 돌로 쌓은 맞담을 사이에 두고 있는데 맞담을 쌓고 그 위에 기와를 얹었고 한 집은 흙과 돌로 쌓은 위에 보기 드물게 솔가지를 얹고 짚을 깔고 황토로 덮어 놓았다. 황토 사용 주거는 축열 작용 효과가 좋아 난방비가 절약되고 시멘트 주거는 외부 온도에 민감하여 열 손실이 높아 난방비가 많이 든다. 서로 옆 담이 없는 걸로 보아 형제간 아니면 대 소간이 사는 것 같다.

The front and back thatched houses are bordered with a fence of mud and stone. The fence is tile-roofed. The fence is made with mud and stone with pine tree branches and straws on top and finished with ocher, which is hard to be seen these days. The house made of ocher saves a lot of heating expense, with good storing effect of heat. The cement-made house don't.

The Story of Thatched Houses

1990. 08. 26 | 경주시 강릉면 양촌마을

위에는 백일홍이 피어있어 한층 운치가 있는 기와집인데 아래는 폭우가 오면 항상 붕괴 위험이 도사리고 있는 조금은 휑한 느낌의 초가집이다. 그런 초가집의 재료인 황토와 현대 주택의 시멘트에 대해 또 적지 않을 수 없다. 황토는 미립자 속의 작은 구멍으로 인해 공기를 순환시키는 환풍기 역할은 물론 공기 정화기 역할까지 하지만, 시멘트 공간은 통풍이 잘되지 않아 장마철에는 방바닥과 벽면이 축축하여 곰팡이 등이 서식한다.

The garden zinnias blooming on the upper ground brings some touch of tastem while, the desolate thatched cottage in danger looks to be slid by a heavy rainfall. But one thing about the ocher that was the main material for the thatched cottage should be noted here. The ocher plays a vet good role of ventilating and circulating the air, even cleaning it, while, the cement don't.

Koreans' Native House | 183

초가집이야기

1992. 10. 03 | 영광군 묘량면 삼효리 효동마을

효동마을은(전남 영광군 묘량면 삼효리 762-1) 문화체육관광부가 각 도에 한곳씩 선정하는 문화 역사 체험 마을이다.

15년 전까지는 너덧 가옥이 있었는데 지금은 다 소멸하고 돌담만 남아 있는데 현재 한 채만 옛 모습대로 복원하고 있다. 위 사진은 옛 모습이고 아래와 중간 사진은 새로 복원하는 앞뒤의 집 모습이다.

사진을 찍고 큰길로 내려오는데 길 양옆에 콩, 팥, 배추, 무, 감, 대추 그리고 온갖 풀들과 누렇게 익은 벼 등 전송을 받으며 이곳을 떠나오는 촬영자의 가슴이 가을 정취에 물든다.

Hyo-dong : Located at 762-1 Samhyo-ri, Myorang-myon Younggwang-gun Junranam province, this is one of the Culture & History Experience Villages appointed by the Ministry of Culture & Physical Training. Until 15 years ago, several thatched houses were well preserved, all of them have been perished, except for the stone fences. They are said to be restored this year. Upper photo is the old one, and the middle and lower are the photos of front & back of them to be rebuilt.

The Story of Thatched Houses

1987. 08. 06 | 옫암군 시종면 옥야리

초가집의 직선과 곡선을 살리려고 야간 촬영을 시도해 보았으나 특수 조명과 장비의 준비 없이는 좋은 작품을 찍을 수 없었기에 망설이고 있던 차에 달이 휘영청 밝아 초가지붕 너머로 비치는 소나무가 흡사 그림처럼 아주 아름답게 보여 촬영하면서 어릴 적 시골 길을 친구들과 같이 놀며 걷던 일들이 하나 둘 생각남을 어쩌랴. 지금은 시골의 옛 모습은 다 없어지고 그곳에는 시멘트 건물들만 지어져 있으니 고향의 옛 풍광들이 다 사라지고 없으니 안타까움을 극할 수 없으니 어이할꼬?

Trying to shoot this photo, putting stress on the curved line of the thatched cottage at night, I was disappointed to realize that it was impossible without a special equipment of lighting. At that moment, the moon came to my help shining brightly all around. The pine tree over the thatched roof looked picturesque, which reminded me of my young day when I walked along the rural road, playing with friends. Alas! all the affectionate scenes of thatched houses in my country are replaced with the cement-made ones.

초가집이야기

1998. 08. 31 | 영광군 법성면 용덕리

초가집에 TV 안테나의 모습이 요즈음에는 참으로 보기 드문 장면이 아닐 수 없다. TV 안테나를 보면 60년대 후반에 전국적으로 TV 중계소가 설치되면서 TV 시청자가 늘어나기 시작할 무렵, TV 시청을 잘할 수 있도록 기술 지도를 해주는 프로그램인 "시청자 코너"를 맡아서 여자 아나운서 이〇〇과 함께 방송했던 꿈 많던 젊은 시절의 풋풋한 내 모습을 보니 기억이 새롭기만 하다.

TV 안테나는 방송국 송신 안테나에 정확히 향하도록 설치해야 TV 전파의 수신이 잘되어 깨끗한 화면을 볼 수 있기 때문에 어떻게 하면 안테나의 방향을 잘 맞추어 세울 것인가, 또는 TV 수상기 조정(지금은 전 자동임)을 어떻게 하여 화면을 잘 보이도록 할 것인가 등의 기술 지도를 해주는 프로였다. 내 젊은 시절의 모습과 초가집과 녹슬어가는 TV 안테나와 함께 사진으로 보는 감회가 남다르며 세월이 흐른 지금에 와서 내게는 추억으로 남는다.

This is a very rare scene. An TV antenna is seen over the thatched roof.
When TV head ends were starting to be installed across the country in late 1960's, I appeared in a program named "Viewer's Corner" with an woman announcer. The program was about to guide how to watch TV well. TV antenna should be faced toward the direction of the transmitting antenna of broadcast station to catch good pictures. This picture brings me back to the days when I was a engineer along with the corroding TV antenna by a thatched house. Time and tide is fleeting.

The Story of Thatched Houses

1975. 01. | 전북 순창군

봄에는 새 울고 꽃이 피는가 하면 여름은 온 사방이 더위와 함께 푸르름이 짙든가 싶으면 어느덧 잎이지는 자연의 섭리 속에 겨울엔 하얀 눈이 어김없이 내린다. 한복을 곱게 차려입은 어머니와 때때옷을 입은 아이들이 눈 덮인 길을 간다. 설날 할머니 할아버지께 세배하러 가는 것일까?

In orderly cycle of seasons, spring sees birds sing, summer robes with fresh greenery, and, before, one is aware, winter starts to be blanked with white snow, in the providence of Nature. A mother and her kids dressed in a beautiful and colorful festive dresses, are walking on the snowy road. They may be on the way to visit the grandpa and grandma to a New Year's calls.

Koreans' Native House | 187

초가집이야기

1984. 09. 23 | 보성군 특향면 마천리

야산 밑에 여러 가지 모양의 초가집인, 마을들을 형성하고 있다. 문전옥답에는 누렇게 벼가 익어가고 있으며 오순도순 모여 있는 초가집들이 너무나 평온해 보인다. TV 안테나가 한 집만 보이는 것은 전기가 마을에 처음 들어오기 시작할 때이다. 마을 초가집을 촬영하려니, 마을 이장이 와서 그 연유를 묻길래 앞으로 세월이 흐른 다음 이런 초가집의 모습들을 볼 수 없으므로 기록으로 남기려고 사진을 찍으려 한다니 이해해 주었다. 이때에 한 마을에 TV가 있으면 온 동네 어른이나 아이 할 것 없이 TV를 시청하려고 모여들었었다. 그만큼 초창기 때는 흑백 TV이지만 귀했고 시청률 또한 높았다.

There are various shapes of thatched houses at the foot of a hilltop.
Rice plants are ripening in full and rich, the thatched houses look peacefully sitting in cluster. Only one antenna is seen, because it was when electricity was about to be installed in the villages. The village chief came to me and asked the reason of takin pictures. My answer was that these thatched houses are fading out, so they'd better be kept in record. He nodded. All villagers used to gather up to the house that has a TV set for watching.

The Story of Thatched Houses

1984. 09. 23 | 보성군 득량면 마천리 / 와봉리

울 밑에 선 봉선화야 / 네 모양이 처량하다 / 길고 긴 여름철에 / 어여쁘신 아가씨들 / 너를 반겨 놀았도다.

봉선화는 키 60cm 정도이며 6월부터 꽃이 피기 시작한다. 꽃 색깔은 분홍색, 빨간색, 주황색, 보라색, 백색 등이며 매니큐어가 없던 시절 어린이들과 여인들이 손톱에 물을 들이기 위해 봉선화 꽃잎을 백반가루와 함께 섞어 잘 찧어 손톱 위에 붙여 하룻밤 자고 나면 손톱 색깔이 예쁘게 물든다.

골목 안 이곳저곳에 봉선화가 아름답게 보임은 나만의 느낌일까 싶다.

The balsam starts to bloom from June, with its length glowing to 60cm. The color of its flowers is pink, red, orange, purple, and white, etc. Girls and woman, when the manicure was in scanty, like to color their fingers with leaves of balsam, mixed with the alum powder. Overnight, their fingers become stained with beautiful colors. The balsams look beautiful here and there in the back alley. I'd like to cherish the beauty of them.

Koreans' Native House | 189

초가집이야기

1984. 09. 23 | 보성군 득향면 마천리

초가집의 모양새가 좋아서 카메라를 대고 이리저리 촬영 구성을 하면서, 이럴 때에 부제로 어떤 동물이나 다른 것들이 지붕 위에 나타나 주었으면 좋겠다고 생각하고 있을 때, 내 마음이 통했는지 꼬꼬 하며 닭 두 마리가 서서히 지붕 위로 오고 있지 않은가, 정말 신기할 정도였다. 지성이면 감천이랄까 간절한 마음으로 원하니 나타나 주는구나 싶어 카메라 셔터를 누르는 순간이 더없이 행복했다.

The good-shaped thatched roofs lured me into shooting, while I was thinking some chickens would add more good images, and what a scene!
Two of them, crowing, was coming up to the roof, as if by magic. Faith will move a mountain! I felt like walking on the clouds at the moment of clicking!

The Story of Thatched Houses

'987. 08. 05 | 여수시 돌산읍

흡사 성곽처럼 높고 튼튼하게 돌각담을 쌓아 놓은 것은, 출입구에 대문이 없는 것으로 보아 외부인의 출입 때문은 아닌 것 같다. 현대에서 많은 사람은 자기 선택 때문에 집을 짓는 것이 아니고 지어진 집을 사는 것이 일반적인데 반해 이 집 주인은 고대광실 좋은 집은 짓지 못할망정 돌로 담이라도 높이 쌓고 살자 하는 것은 완전히 자기의 선택에 의한 것이라 하겠다. 지금 와서 보니 영원히 볼 수 없는 철옹성처럼 지은 초가집을 발견하고 촬영하여 보관해둔 사진을 볼 때 스스로 대견스러움을 느낀다. 이렇게 말한 내가 자화자찬(自畵自讚)일까?

This is a high-raised stone-squared wall just like that of an ordinary old castle. There is no gate which is strange. The owner might think to build the wall of his own way, in order to show the wall of his house look majestic, even though his own house don't. In modern times, most of people are curtailed to have the right of choosing their own houses.
They buy ready-made ones.

Koreans' Native House | 191

초가집이야기

1984. 09. 23 | 순천시 낙악면 낙안읍성 민속마을

왼쪽으로 뻗은 고염 나뭇가지에 열매가 탐스럽게 열려 초가지붕을 향하고 있다.
감나무의 종류에는 크게 감나무와 고염나무가 있다. 고염나무는 북쪽에서도 자라지만 열매가 새알만 한 크기로 먹을 육질은 거의 없고 종자만 들어있어 식용으로는 쓰지 않지만, 약재로 많이 쓴다. 감 씨를 심으면 감이 열리지 않고 고염이 열린다. 그래서 고염나무에 감나무 가지를 꺾어 접붙여 키우면 감나무로 자라 감이 열린다.

The appetizing fruits on left-sprawling branches of a tree are facing the thatched roofs. There are largely two kinds of persimmon trees.

A persimmon is a soft, orange fruit that looks rather like a large tomato. Persimmons grow mostly on trees in hot countries. Some of them are used for medicinal purpose.

The Story of Thatched Houses

1987. 08. 05 | 여수시 돌산읍

담장 위를 나팔꽃이 온통 뒤덮고 있다. 나팔꽃은 한해살이 넝쿨풀로써 가느다란 막대기나 줄 등만을 감고 올라가며 두꺼운 나무판자 등은 감고 올라갈 수가 없다. 나팔꽃은 이른 아침에 피었다가 낮에는 오므라지는 꽃이다. 나팔꽃에는 꽃받침, 꽃잎, 수술, 암술이 있다. 꽃잎은 서로 붙어 있는데 이와 같은 꽃을 통꽃이라고 한다.
이 집주인 아주머니는 담장 위에 호박이나 박을 심지 않고 왜 하필 나팔꽃을 심었을까? 그것은 아주머니만 알 일이구나!

Morning glories are covering entirely the fence. Their vines wind up on a thin poles or wires, but not on thick plates, etc. They are any of numerous, usually twining vines having funnel-shaped, variously colored flowers that open early in the morning and close late in the day.

Koreans' Native House | 193

초가집이야기

1991. 11. 15 | 영암군 금정면 아천리

공중에 날다 지친 새는 가시나무에라도 앉아야 한다. 이처럼 산비탈 가파른 곳에 터를 잡고 집을 지은 사람도 가난 때문에 좋은 터에 집을 짓지 못하고 이곳에 지었으리라!
산비탈에 초가집은 말 그대로 고요하고 적막감(寂寞感)마저 들며 주변은 온통 노랗고 붉은색으로 옷을 갈아입고 있구나
호박넝쿨은 나무 위에 기어오르다 밑으로 뻗어 열매를 맺어 그것을 주인에게 다 주고 이제는 야위어가는 그 모습이 초라하여 보기에 너무나도 안타깝다. 그러나 어쩌랴 인간도 식물도 때가 되면 시드는 것은 신의 섭리인 것을…
길가에 심어진 고구마 잎은 알뿌리에 모든 것을 다 주고 간밤에 내린 서리를 맞고 후줄근한 모습이 애처롭다.
고구마가 얼마나 크게 달렸는지 그것이 궁금함을 느끼며 카메라 가방을 메고 또 다른 촬영 대상을 찾아 구름 따라 바람 따라 발길을 돌린다. 이제는 이 초가집 주인도 도시의 큰 아파트에서 잘살고 있겠지?

Birds getting tired after flying in the sky should rest on a thorny tree, if it can't find any other trees. Likewise, poverty might force the owner of the thatched cottage to build his own place in this place. This thatched cottage is rested on, literally, in peace and quietness. The fence is uniquely set only on the back side. Maybe to block the north wind and lacking stones. It is small in size, but doesn't matter as long as a couple in conjugal harmony can lie down together. They may be living well now in an apartment house in a big city, after moving out from here. It is too regretful to see the pumpkin vines looking now so miserable after giving away their fruits to man, in the God's providence. I turned my steps to another place to look for another subject.

The Story of Thatched Houses

1984. 09. 23 | 낙안읍성 민속마을

낙안읍성은 현재로 3개의 마을에 100여 채의 가옥이 실제 살림을 하는 민속 마을, 조선 시대 동헌, 객사, 장터, 초가집이 원형대로 보존되어 성곽과 마을이 함께 국내 최초로 사적 제302호에 지정되었다.
초가집들은 나지막한 돌담으로 보존되어있다. 특이하게 돌각담 위에 동부 넝쿨들이 ㄴ자 형으로 뒤엉켜 있는 것이 멋스러움이 눈에 띈다.

Nakan-eup castle is turned into a folk village containing 100 families-living houses in threw villages. Local government office, inns, marketplaces, and thatched houses, etc. are preserved as they were in old times.
The village is designated No. 302 historical site. The thatched houses are surrounded with low stone fences. The vines on them catch eyes.

초가집이야기

2013. 05. 23 | 낙안민속촌

정자(亭子) : 경치 좋은 곳에 놀거나 쉬기 위하여 지어진 누정(樓亭)으로 사방을 바라볼 수 있도록 마룻바닥을 지면에서 한층 높으며 벽이 없으며 기둥과 지붕으로만 지어져 있다. 일반적으로 휴식할 장소로써 마을 사람들의 남성 위주의 장소이다. (낙안민속촌)

Summerhouse : built on a place commanding a fine view for playing and resting. This bower has its floor high up from the ground for one to see all directions, made up with only columns and roof, with no walls. This place is used for males in villages. l(Village of Nakan folk castle)

The Story of Thatched Houses

1984. 09. 23 | 순천시 낙안면 성북리

초가집 위로 힘차게 솟아 피어 있는 백일홍, 긴 여름 백 일간 핀다고 해서 백일홍 또한 농촌에서는 백일홍이 세 번 피고 져야 쌀밥을 먹는다는 속설이 내려오고 있다.
초가지붕 위에 뭉게구름이 파란 하늘과 조화가 잘 이루고 있어 꽃말처럼 행복해 보인다.

Crape myrtles are blooming high in full spirit on the thatched roof. It is named 100 days in bloom, from the fact that it blooms for 100 days. It is traditionally said that poor people in the country can eat steamed rice only after crape myrtles bloom and close three times. The downy clouds over the thatched roof looks happy in well harmony with the blue sky.

초가집이야기

1990. 11. 14 | 남원시 주천면 덕치리 회덕마을

회덕마을 : 전라북도 남원시 주천면 덕치리 회덕마을은 유형문화재 35호이다
벼가 무게를 못 이겨 고개 숙이기를 몇십 번의 세월이 흐른 지금 이곳이 어떻게 변했을까 하여 찾아가 보니 옛 살던 집주인은 없고 뒷산 너덧 그루 있던 미루나무도 다 없어지고 세월의 흐름을 어찌하지 못해 말라 죽은 한 그루만 남아서 키가 훌쩍 커 까치에게 넉넉한 인심을 베풀어 자리를 내주어 집을 짓게 하고, 자기는 주인 없는 집을 지키고 있는 듯하였다.

Hoiduk village : It is located at Dukcha-ri, Joochun-myon Namwon Junrabum province, designated No.35 tangible cultural properties. I made my way to visit there over time of tens of decade of harvesting to find how the village has been changed. The old owner of the thatched house is gone, with no trees on the back hilltop, except for one dead tall tree giving in magpies to build their nest. The tree looks to keep the house.

The Story of Thatched Houses

1990. 11. 14 | 남원시 주천면 덕치리 회덕마을

이 사진을 보면 일반 초가지붕과 달라 보인다. 억새로 지붕을 했기 때문이다. 집 안채와 바깥채 그리고 뜰 방에는 곡식 포대가 놓여있고 안채 앞 한편에는 땔나무가 준비되어 있으며 바깥채 앞에는 퇴비가 있고 마당 가운데는 소와 여물통, 그 옆에 주인이 촬영하는 나를 본다. 그야말로 집도 사람도 황혼인데 일기마저 황혼녘에 노을빛에 물들려 하고 있으니 모두 다 황혼이구나.
(현재의 이 집은 사람도 소도 집도 모두 다 역사 속으로 사라져 이제는 사진 기록으로만 볼 수 있다.)

The thatched house in the photo looks different from ather ones. The roof is made with eulalia. Bags of grains are lying on the inner, outer yards and platform, a fire wood is ready on the side of the inner quarters, compost on the side of outer quarters. A cow and a manger are in the middle of the yard, and the owner looks at me. Dusk falls on the house and the owner, and the time is gathering darkness in the twilight. Everything is gloaming.
(Everything in the photo vanished in the history, leaving their images behind.)

Koreans' Native House | 199

초가집이야기

1990. 11. 14 | 남원시 주천면 덕치리 회덕마을

억새로 지붕을 이은 샛집이다. 샛집은 밑에 겨를 깐 다음 억새 전조로 이엉을 엮어 두껍게 지붕을 이은다. 샛집은 용마름(지붕의 맨 꼭대기)을 높이고 물매를 경사지게 만들어 지붕이 우람하고 풍성해 보이도록 지었다.

사진① 20년 전의 모습. 사진②는 옛날 집으로써 그 옆에 지붕을 잇는 데 필요한 억새꽃과 미루나무 너덧 그루가 보인다. 사진③은 사진 ①의 현재의 집인데 옛집은 마루와 유리창이 없고 두 채였는데 지금은 바깥채는 헐리고 안채만 마루와 유리창이 개수되어 있고 사람이 살고 있다.

Photo ① The roof of the house is made with pampas grass. The ridge of the roof is raised high, so the roof looks beefy and richly.

Photo ② The flowers of pampas grass and a few of popular for making a roof are seen.

Photo ③ The house seen is upgraded from the house from photo ① The main quarters has the wooden floor and windows replaced, with the outer quarters removed.

6.25전쟁 속의 초가집이야기

1948년 8월 15일 대한민국이 건국되고 나서 2년 후인 1950년 6월 25일 북한 김일성에 의한 남침으로 시작된 동족상잔의 전쟁이 3년간이나 계속되면서 수백만의 군인과 경찰 그리고 유엔군 또한 민간이 희생되었다.

유엔군의 참전으로 중공군이 개입한 전쟁은 일단락되고 지금의 휴전선으로 오늘까지 휴전상터가 이어지고 있는데, 전쟁 당시 초가집이 지켜보고 있는 농촌 마을이나 산골 마을에서 군사작전을 수행하고 또 대민관계를 촬영한 어느 종군기자의 사진을 찾아서 초가집 이야기책에 수록하게 된 것을 매우 뜻깊게 생각하며 고마움을 느낀다.

사진에서 보이는 군인 중에는 당시 전장에서 희생된 군인도 있을 것이고 유엔군 중에도 자기 나라 고향으로 돌아가지 못한 군인도 있을 것이다.
삼가 그들의 명복을 빈다.

초가집이 있는 마을 사진을 보면서 "아! 우리 고향 같은데…, 아니 이것은 우리 집이 아니야?"라고 생각하시는 80세 이상 되신 어르신도 혹 계실지도 모르겠다.
초가집은 우리들의 삶의 터전이었고 우리가 자란 복음 자리이기에 그만큼 말없이 묵묵히 전장을 지켜온 초가집에 대한 애착과 애정이 더 느껴지는 것이리라. 그래서 이번 책에 6.25 전쟁 중 초가집이 있는 거리나 마을에서 군사작전을 수행하는 모습을 수록함으로써 지금은 어느곳인지도 모르고 다 없어졌을지도 모르는 초가집을 보면서 오늘날 행복하게 편안하게 살아가는 세대들에게 대한민국을 지켜준 군인들 유엔군들 그리고 가난과 초가집 삶에서 벗어나 세계경제규모 11위를 기록할 만큼 잘사는 나라로 성장 발전시켜온 건국 세대, 산업화 세대, 민주화 세대들의 피땀 흘린 노력과 희생으로 이룩한 공로를 감사하며 앞으로 더욱 나라를 사랑하여 발전시켜가도록 노력하며 다짐하는 계기가 되기를 진심으로 바라는 바이다.

6.25전쟁 속의 초가집이야기

3명의 미군들이 군위 북쪽에 있는 어느 초가집 마당에서 포로들의 손을 머리에 얹게 하여 꿇어 앉혀놓고 감시하고 있다. (1950. 12. 1.)

6.25전쟁이 난 후 마산에서 부산 훈련소로 가는 길에 입대 소집자들이 손을 흔들며 노래를 부르고 있다. 이들은 미 15사단이 적과 교전하는 마산 부근에서 입영토록 명령을 받았다. (1950. 9. 1.)

6.25전쟁 속의 초가집이야기

6.25전쟁 발발 당시 북한보다 전력이 부족하여 전쟁 초기에 낙동강 부근까지 후퇴하지 않을 수 없었다.
다행히 유엔군의 참전으로 북한까지 진격하였는데
중공군의 참전으로 3.8선이 조국 산하를… (사진은 중공군 포로들)

The Story of Thatched Houses

6.25전쟁이 염천 더위에 진행되었는데 계절은 변해 찬바람이 부는 겨울이 오니
억새를 이용해 임시 거처를 마련해야 하는 미군들의 모습이 안타깝다.

6.25전쟁 속의 초가집이야기

고랑포에서 한국군 제1사단은 미군보다 2일 뒤인 10월 11일에 38선을 돌파하여 북진하는데, 기동할 차량이 없어 도보로 힘든 북상을 하였다.

The Story of Thatched Houses

공산 포로들이 개성 남쪽에서 한, 미 해병대원에 의해 감시당하고 있다. (1950. 11. 16. 행크워커 기자)

6.25전쟁 속의 초가집이야기

나뭇가지로 군용차를 위장하여 전장으로 전진하고 있다.

The Story of Thatched Houses

마을에 숨어 있는 적의 잔당들을 소탕하며 전장으로 전진하는 유엔군들

6.25전쟁 속의 초가집이야기

마을에 진입한 유엔군들과 어린이들이 서로 호기심 어린 눈으로 바라보고 있다.

The Story of Thatched Houses

미 병사들이 땅속에 묻혀있는 폭발물(지뢰)을 조심스럽게 탐지하여 제거하고 있다.

6.25전쟁 속의 초가집이야기

미 해병대들이 서울 인근에서 전장으로 전진하기 위해서 눈 덮인 길을 가고 있다.

The Story of Thatched Houses

미 해병대에 포로가 된 북한군 부상 병사들이 토담집에 기대어 병원으로 후송을 기다리고 있다. (1950. 9. 13.)

6.25전쟁 속의 초가집이야기

북한군이 85mm 고사포를 초가집 앞에 버리고 갔다. 6.25개전당시 이들은 12문을 보유하였다. (1950. 10. 8.)

The Story of Thatched Houses

6.25전쟁 당시 낙동강 인근 김해와 진영 사이에 임시 피란민이 125,000명이 있었다. (1950. 9. 1.)

6.25전쟁 속의 초가집이야기

수숫대 울타리를 지나는 군인들

The Story of Thatched Houses

여순반란사건을 진압하기 위해 전남 순천(승주)지역으로 진입하는 진압군 부대 (1948. 10. 23. 이경모 기자)

6.25전쟁 속의 초가집이야기

포연이 자욱한 마을에서 작전하는 유엔군들…

The Story of Thatched Houses

유엔군이 빈 초가집을 임시로 이용하며, 부상병들을 응급처치하고 있다.

6.25전쟁 속의 초가집이야기

초가집에 임시로 어구(漁具)들을 진열해놓고 팔고 있다.
소녀는 무엇인가를 먹고 있고 젖먹이는 엄마 등에서 평온한 잠을 자고 있다.

The Story of Thatched Houses

장병들이 불타는 마을을 주시하고 있다.

6.25전쟁 속의 초가집이야기

적의 잔당들이 민가에 숨어 있는지 미 병사들이 수색하고 있다.
소녀가 살며시 고개를 내밀어 군인들을 보고 있다.

The Story of Thatched Houses

적들이 숨어 있는 마을을 미군이 소탕하다가 부상당한 병사를
위생병이 머리를 하체보다 낮게 눕혀놓고 응급처치를 하고 있다.

6.25전쟁 속의 초가집이야기

적들이 숨어 있는 마을을 포 사격으로 초토화 한 곳을 미 보병이 최후의 작전을 수행하고 있다.

The Story of Thatched Houses

전남 광양 다압면 소재지의 치안 자위군 진지, 다리의 남쪽은 경남 하동군이다.
치안대와 경찰의 경비 아래, 면 직원 및 마을 유지들은 밤이면 대나무 방책(防柵) 속으로 들어가 잠을 자고,
낮이면 생업에 종사하며 불안한 나날을 보냈다. (1948년 경 이경모 기자)

6.25전쟁 속의 초가집이야기

전장으로 전진하기 위해 한·미 합동 군인들이 한강 변을 지나고 있다.
그런데 애국 청년(군인)들의 손에 태극기를 들고 있는 의미는 무엇일까를
우리 모두 가슴을 여미고 한 번쯤은 생각해 보자.

The Story of Thatched Houses

유엔군을 보고 마을 주민들이 기뻐서 만세를 부르며 반기고 있다.

6.25전쟁 속의 초가집이야기

초가집에 임시로 미군들이 필요한 군수물자를 진열해 놓았다. 그것을 말해 주려는 듯 상점 간판들이 온통 영어다.

The Story of Thatched Houses

전쟁의 발발로 민간인들이 모두 피난을 떠난 마을에서 적의 잔당들을 수색하는 군인들.

6.25전쟁 속의 초가집이야기

군용차에 병참을 실어 와 땅에 내려놓고 있다.
(용기가 자연 소재로 된 나무통이나 대바구니로써 전시 초기의 열악한 병참 물품의 한 단면을 볼 수 있다)

The Story of Thatched Houses

지프의 긴 안테나가 유난히 인상적이다.
군 작전 차량들이 오고 가는데, 초가집에는 사람들이 모여 있고 농부들이 들에서 곡식 단을 묶고 있다.

6.25전쟁 속의 초가집이야기

초가집 앞에 군 작전 차량을 볏짚으로 위장하여 놓고 경계를 하고 있다.
그런데 어쩌면 이렇게 교묘히 위장해 놓았을까? 걸작품이라 아니 할 수 없다.

The Story of Thatched Houses

초가집 앞에 임시로 교육장을 마련하여 자동화기 교육을 하고 있다.
초가집 담벼락에는 민간인들이 구경하고 있으며, 군인들 뒤에 천막막사가 보인다.

6.25전쟁 속의 초가집이야기

초가집을 방패 삼아 기관총으로 사주 경계를 하고 있다.

The Story of Thatched Houses

초가집을 방패 삼아 기관총으로 사주 경계를 하고 있다.
폐허가 된 초가에서 미군이 동료의 죽은 전우의 시신을 확인하고 있다.
6.25전쟁에서 미군 장성들의 아들이 145명 전사하였다한다. 우리나라의 고위층 자녀들은 과연 어떻했을까?

6.25전쟁 속의 초가집이야기

피난민들을 태운 기차와 탱크 위에 탄 병사들의 모습이 퍽 대조적이다.

The Story of Thatched Houses

한·미 합동 군인들이 마을에 도착하니, 북한군에게 협조한 프락치를 구타하고 있다.
한국군 손에는 태극기가 들려 있고 허리에는 수류탄을 달고 있는 모습이 그때의 실상을 잘 말해주고 있다.

6.25전쟁 속의 초가집이야기

한국군들이 전장으로 전진하면서 마을 앞을 지나면서 잠시 그늘에서 더위를 식히고 있다.

동부전선 어느 바닷가 방파제에서 작전을 하고 있는데, 저멀리 보이는 초가집들은 전쟁중인데도 평온해 브인다.

6.25전쟁 속의 초가집이야기

길가 밑 허름한 초가집을 두고 군인들이 작전을 하고 있다. 조금 떨어진 곳에 군 지프가 시꺼멓게 불타고 있는데, 길가 고랑에 한 병사의 주검을 동료들이 보고 안타까워하고 있다. 이들은 오직 자유를 지키고자 이국에 와 비참한 최후를 맞았다.

The Story of Thatched Houses

지난날 전형적인 우리나라 토담이다. 이런 토담은 짚을 숭굴숭굴 썰어서 흙과 함께 버무려서 흙 위에 돌을 놓고 또 놓고 하여 일정 높이까지 쌓는다.
토담을 방패 삼아 경계를 하는 군인이 자동소총과 권총을 차고 있는 것으로 보아 장교인 듯하다. 군대에서 공격보다 방어가 최선이라고 한다.
토담을 은폐하여 방어하면, 일개 분대쯤은 충분히 제압할 수 있다.

6.25전쟁 속의 초가집이야기

군 작전 차량들이 세월따라 흐르는 마을 앞 강물을 거슬러 가고 있다. 화면으로 보는 마음이 금방이라도 시동이 꺼질까 조마조마한데, 보급품과 병사들을 태우고 가는 운전사의 심정은 어떨까 싶다. 군대에서는 무엇으로 밤송이를 까라면 까야지 이유란 없다. 또한, 명령에 죽고 명령에 산다. 세월따라 흐르는 강물에 병사들을 태운 차량들이 조국을 위해 가고 또 가는데, 눈이 온 마을의 초가집들은 그래도 평온해 보인다.

The Story of Thatched Houses

눈이 온다. 초가집에도 그리고 온 사방 천지에 눈이 온다. 그 오는 눈 위에 병사들은 아기 예수 오심을, "MERRY XMAS FROM KOREA"를 종이를 뚫어 먹물로 써 놓았다. 병사들은 초가 마을 앞 논에 수북이 쌓인 눈 위에 성탄 축하 메시지를 고향에 두고 온, 가족들과 장병들에게 전한다
북녘땅에도 통일이 되어 크리스마스 캐롤이 울려퍼지는 날이 하루속히 왔으면 좋겠다.
소나무 한 그루에 트리 대신 두 병사를 세우고 양옆에 병사들이 앉아 한 손으로는 총을 붙잡고 한 손으로는 모자를 높이 들고 있는데, 그 옆에는 어린이가 서 있다.
전쟁 중인데도 어린이는 털모자에 두툼한 한복을 입고 있는 것이 퍽 인상적이다. 눈이 온다. 그리고 온 사방에 쌓인다. 병사들은 즐거운 성탄절에 이국만리에서 고향의 부모님과 가족들 더러는 못 견디게 연인이 보고 싶어, 흰 눈 위에 글을 쓴다. 이 사진은 배경과 구도가 보는 사람들에게 강한 메시지를 준다. 이래서 사진은 기록성이라고 하나 보다. (중부전선)

6.25전쟁 속의 초가집이야기

지금은 조그만 불편해도 119를 부르면 구급차가 온다. 그런데 초가집 사이를 웃옷이 찢긴 부상당한 병사를 업고 간다. 전쟁 발발 초기에 북한군보다 월등히 군수 물자가 부족하였다. 그것을 화면이 잘 설명해 주고 있다. 다시는 민족의 비원이 깃든 전쟁은 없어야 한다. 동작동에 묻힌 고혼들은 얼마인가. 그리고 이산의 아픔은 말로 형용할 수 있을까.

The Story of Thatched Houses

돌로 정교하게 지어진 병사들의 초가 막사가 철옹성이다 못해 유럽의 어느 작은 성처럼 보인다. 미군 장교가 한국군들에게 자동화기 사용법을 설명하고 있다. 개전 초기엔 우리에겐 무기가 형편없었다. 맨주먹 붉은 피로 적군을 막아 냈다는 6.25노래 가사가 생각난다. 다시는 민족의 비극인, 동족상잔의 전쟁은 없어야 한다는 것을 종북 세력들은 명심하라.

초가집이야기

1980. 11. | 한국민속촌

혼례란 혼인을 할 때 수반되는 모든 의례와 그 절차를 말한다. 현재에 와서는 혼례라는 말 대신에 결혼식 혹은 혼례식, 결혼이란 말로 통용되기도 한다. (사진. 교배례, 신랑과 신부가 서로 마주 보고 절을 한다)

Honrye. It means all the formalities and procedures for the full traditional Korean wedding ceremony to be hold. The procedures are much changed to be adapted to the trend of modern days, especially influenced by westernization. (Photo. Gyobaerye: Groom and bride are bowing in respectful salutation.)

The Story of Thatched Houses

1980. 11. | 한국민속촌

대례(大禮), 즉 혼례의 절차를 거쳐 신랑이 신부 집에 가서 행하는 모든 절차를 말한다. (사진. 대례가 끝나고 첫날밤을 보낸 신부가 신랑 집으로 가려고 가마에 오르려는 순간 신부 어머니가 손에 조그만 보따리를 들고, 시댁에 가서 참고 잘 살라고 타이르면서 목이 메어 말을 잇지 못하고 있는 듯하다)

Daerye It means a full procedures for traditional Korean wedding ceremony. It is held in the bride's parents' house (photo. the bride's mother is handing her daughter a small parcel as she rides in the palanquin, after spending the wedding night to go to the house of groom' parents. She seems to choke up. bidding her daughter farewell, telling her to live in a happy life.

Koreans' Native House | 247

초가집이야기

1988. 11. | 안동시 풍천면 하회마을

안동하회(安東河回)마을 : 경상북도 안동시 풍천면 하회리에 있는 지정민속마을. 중요민속자료 122호 이 마을은 조선전기 이후의 전통적 가옥군의 존재가 영남의 명기(名基)라는 풍수적 경관과 어울려 역사적 배경, 별신굿과 같은 고려 시대의 맥을 이은 민간전승 등이 현대 공업사회에서 매우 중요한 위치를 차지하고 있으므로 그 전통적 경관과 함께 정신문화의 보존, 발전이라는 차원에서 중요 민속자료로 지정되었다.

현재 우리나라에서 가장 유서 깊은 전통마을, 백여 채가 넘는 기와집들과 초가집들이 옛 모습 그대로 사람이 살아오고 있으며 관광객을 맞이하고 있는 곳이다. (사진 : 상, 하 30년 전후의 대비 된 모습)

It is a folk village designated No.122, located at hahoi-ri Poongchun-myon Andong Gyungsang Buk Province. The location of the village, considered as one of the best geomantic places, is full of historical remains and folkloric cultures from Koryo Kingdom, so, was designated as an important site for preserving and developing mental cultures together with the traditional scenery. Presently, about the most time-honored 100 tile-and thatched-houses are in exhibition there and people live in each house, too.

(the scenes of 30 years ago & after in upper and lower photos)

The Story of Thatched Houses

1988. 11. | 안동시 풍천면 하회마을

마을 중심부에는 양반들이 살았던 대규모의 기와집들이 배치해 있고 그 주변을 에워싸듯이 평민들의 초가집들이 배치되어 있다. 1999년 엘리자베스 영국 여왕이 방문 할 때에 새롭게 단장 재현하면서 옛날 모습이 많이 사라졌다.
(사진 : 상, 하 30년 전후의 대비된 모습)

In the center of the village, large-scale tile roofed houses are arranged where the gentry used to live, and the commoners thatched houses are surrounded them. What loked as in older days were changed and replace with the modern as the Elizabeth queen of England visited here in 1999.
(Photos : The upper & loer photos were taken at intervals of 30 years.)

초가집이야기

1987. 08. 04 | 하동군 청암면 묵계리 청학동

청학동(青鶴洞) : 예로부터 전해오는 도인(道人)들이 이상향(理想鄉), 전국의 여러 명산에는 청학동의 전설이 남아 있다. 지금은 청학동의 위치는 지리산에 있으며, 예로부터 천석(泉石)이 아름답고 청학이 서식하는 승경(勝景)의 하나였다고 한다. 오늘날 현존하는 청학동은 지리산이며 또한 그 유래가 존재 해오던 곳에 자리 잡고 있다. 지리산 삼신봉(三神峰) 동쪽 능선 아래 해발 800m 고지인 지리산 중턱에 자리 잡고 있는 작은 마을이다. 일명 도인촌(道人村)이라 불린다.
서당(書堂)이란 향촌 사회에 생활 근거를 둔 사족(士族)과 백성이 주제가 되어 면, 리를 기본으로 단위 설립한 초중등 단계의 시설교육 기관.

Chunghak-dong : This is a Utopia ascetics has been dreaming about. It is located at Mt. Jiri, The place was said a scenic spot with a beautiful spring with stone, and Chunghak means blue cranes inhabited. it has another name of the village of ascetic. Kids are learning at Seodang, a village school, which is a community educational facility of primary and secondary steps for the kids in the village.

▲ 서당에서 공부하는 학동들과 훈장
Master teaching his pupils in the village school.

The Story of Thatched Houses

1989. 08. 05 | 하동군 악양면 평사리(토지 촬영 중)

지난날 전형적인 우리나라의 초가집으로써 마루에 중년 남자가 곰방대로 담배를 피우며 망중한(忙中閑)을 즐기고 이다. 옛날에는 젊은이들이 어른들 앞에서 담배를 피우지 않았는데 요즈음은 아무 데서나 그것을 피우고 있고 심지어 담배나 불을 주지 않는다고 폭행까지 하는 경우가 있으니 퍽 유감스러운 일이 아닐 수 없다. 또한, 일부 아가씨들도 길거리나 기타 장소에서 담배를 피우는 것을 목격할 수 있는데, 남자들은 피우는데 우리라고 피우지 못하느냐고 항변할지 모르지만, 건강에 나쁘다는 것은 논외로 치고 제발 좋은 것은 얼마든지 따라 하지만 나쁜 것은 따라 하지 마시길 부탁하는 바이다. 그래야 사회와 당신이 건강할 수 있기 때문이다. (사진 : "토지" TV 드라마를(임동진 분) 극화하기 위해 하동군 악양면 평사리에서 드라마 촬영 장면)

This is a typical thatched house. A middle-aged man is taking a rest on the wooden floor, smoking his short smoking pipe. In the old days, the young didn't dare to smoke in the presence of the old, but things has changed too much. Some girls and women are seen smoking in the street, too, which is a bad habit for the future of society.
(Photo : a part of TV drama, Toji(The Land), shot at Pyungsa-ri Ukyang-myon Hadong. The man played by Im, Dong-jin)

Koreans' Native House | 251

초가집이야기

1987. 08. 04 | 하동군 청암면 묵계리 청학동

청학동의 가장 큰 특징은 주민들의 종교적 표상에서 잘 나타난다. 청학동 주민들은 모두 갱정유도(更正儒道)라는 신흥 종교를 믿고 있다. 갱정유도는 단군계 신흥 종교로써 일명 "일심교"라고도 한다. 남원에 본부를 두고 있고 지리산 청학동에는 수련소를 만들어 이용하고 있다.
사진은 대나무와 옥수수가 있는 곳에 다 늙어가는 초가집의 모습이 안타까워 안개가 잠시 내려와 어루만져 주고 있는 듯하다.

People living in the village of Chunghak-dong belive Gangjungyudo, Regenerated Confucianism. They stick to the conventional way of life, wear their hair in braids, tie up topknot on head, and wear white full-dress attire of robe. the fog looks to embrace the aging thatched house by the bamboo and corn fields, feeling sorry.

252 | 우리의 옛집

The Story of Thatched Houses

1987. 08. 04 | 하동군 청암면 묵계리 청학동

일명 일심교인 갱정유도교(更正儒道)를 신봉하는 이곳 사람들은 전통적인 생활방식을 고수하며 머리를 땋아 상투를 틀고 흰옷에 도포 자락을 입고 있다. 그것을 괭이질하는 청년이 상투를 틀고 수건을 쓰고 흰옷을 입고 있는 모습에서 알 수 있다.
대나무와 풀들로 둘러싸인 집 앞에 옥수수, 아욱, 파, 상추 등 먹을거리를 자급자족한 것을 한눈에 볼 수 있다. 이제 자라기 시작하는 벼도 가을이 오면 누렇게 익어 이들의 식량이 될 것이다. 괭이질하는 청년 옆에 보라색 상추를 된장 고추장에 쌈 싸먹으라고 풍성하게 자라서 나를 유혹하는데 나의 상추밭이 아니니 어찌할 수가 없구나!

This young man in white hoeing up the soil, too, is tying up on the top of his head with a head towel on it. On the field in front of the house surrounded by bamboo and wild flowers, corns, curled mallows, green onions, and lettuces, etc. are planted for self-sufficiency, with the rice plants on the paddy. I felt to envy the rich lettuce in the field.

Koreans' Native House | 253

초가집이야기

1987. 08. 05 | 광양시 옥룡면

골목길에 온갖 풀들과 울타리에 분홍색 무궁화 꽃가지에 따가운 햇볕이 내리쬐는 여름 일꾼들의 점심 준비에 바쁘기만 한 이웃집 아낙이 물동이를 이고 오는데 그녀의 옷을 개가 살짝 물고 반가워하지만 아낙은 물동이 무게 때문에 강아지를 본체만체하는데 잘못 하다가는 옷이 벗겨지면 어쩌려고? 이러한 모습이 지난날 우리 농촌 풍경의 서사시적인 모습을 잘 표현 해 주고 있다.

This is an emotional and versified scene typical in our rural scene. On the summer narrow rural path with varied wild grasses and branches of a rose of Sharon on the fence in hot sun, where a woman carrying a jar of water on her head pretends not to notice a dog wagging its tail at her, biting slightly at her in welcoming her. maybe the weight of the jar is too heavy to return its welcoming.

The Story of Thatched Houses

1987. 08. 05 | 광양시 옥룡면

농사일을 마치고 빈 지게를 지고 집으로 돌아오는 아저씨, 지게는 한국 특유의 운반 기구로써 곧은 7-지에 비스듬히 돋은 장나무 2개를 잘라 아래를 약간 넓게 나란히 세우고 장나무 사이에 나무나 장쇠를 가로질러 사게를 맞추어 고정하고 양 목발에 멜빵을 달아 어깨로 질 수 있게 했다. 손에든 작대기는 지게를 세워 놓을 때 받침대로 쓰인다. 바지게를 지고 오는 남정네를 아낙네처럼 개가 보고 쫓아와 반갑게 바짓가랑이를 물지도 않고 쳐다만 보고 있다. 아마 개는 본능적으로 잘 못하다가는 지게 작대기로 맞을까 봐 조심하고 있는 듯하여 실소를 자아내게 한 것은 세월이 이만치 흐른 지금도 그때가 내게는 추억으로 남는다.

A man is on his way back to home, with an empty A-frame. It was a common but ubique Korean-style carrying device. The stick in his hand is used for the supporting pole to stand the A-frame on the ground. A dog is just looking at him at a distance, seemingly afraid of the stick that would hit it for any wrong doing. The dog would do it if a woman was passing by. I cannot help laughing at the dog, thinking that way.

Koreans' Native House | 255

초가집이야기

1987. 09. 05 | 광양시 옥룡면

제비는 제비과에 속하는 전장 17cm의 소형 조류, 4~7월에 인가 처마 밑에 둥지를 틀고 한 배에 3~7개의 알을 낳아 13~18일간 알을 품은 뒤, 2~24일의 육추기간이 끝나면 둥지를 떠난다. 어미 새와 새끼들은 갈대밭이나 배밭 등에 잠자리를 마련하고 저녁 해가 지기 전에 일제히 모여드는데 그 수는 수천 마리에서 수만 마리에 이른다. 서울에서도 태릉의 배밭에 수만 마리 씩 모여들었으나 개발과 함께 지금은 다 사라지고 말았다.

제비는 가을이 되면 피하지방층이 생기면서 체중이 20~26%나 늘어나기 때문에 먹지 않고도 장거리 여행을 할 수 있다. 예를 들면 목포에서 중국까지 약 560km나 되는 거리를 쉬지 않고 하늘을 날 수 있는 에너지를 저장하고 있다.

특히 제비 하면 가난하고 착한 흥부를 부러진 제비 다리를 고쳐주고 그 제비가 물고 온 박씨를 심어 박을 타서 보물이 나와 부자가 되고 재물이 넉넉하고 모진 형 놀부는 제비 다리를 억지로 부러뜨리고 그 제비가 물고 온 박씨를 심어 박을 타 보니 괴물들이 나와 망한다는 흥부와 놀부의 이야기가 지금까지 전해 내려오고 있다.

There were two brothers in a village one was called "Nolboo", a bad man, and the other, "Heungboo", a good one. One day, "Heungboo" happened to find a swallow whose one leg was broken in his yard. He treated it with care. Recovering. It flew away and one day, it came with a gourd seed in its mouth. The seed grew up to bring him great fortune, but, "Nolboo"broke a swallow's leg and cured it. But later, the gourd seed sent him grew up to bring him devil, so he went to ruin.

The Story of Thatched Houses

1990. 08. 26 | 경주시 강동면 양동마을

우리나라 사람들은 집을 지을 때 좋은 곳(길지)을 찾아 지으려고 하였다. 왜냐하면, 가족이 깃들어 삶의 뿌리를 내리고 그곳이 활동하는 공간이기 때문에 아무 곳에나 지을 수 없고, 가장 좋은 곳에 지어야 했다. 이 집처럼 양지바른 곳에 마당보다는 약간 높은 곳에 집을 짓고 주변은 자연을 인위적으로 꾸미지 않고 있는 그대로 이용했다. 마당에서 개와 놀고 있는 아이는 지금 같으면 학교 공부를 끝내고 학원이다, 해외 연수다 뭐다 지나치게 혹사당하는 데 비해 즐겁게 노는 아이의 모습이 반면교사라 하겠다.

Traditionally, we, Koreans were very keen to find a good place for their housing. The site where this house stands is a propitious one. In a well-sunny place, the thatched house is build on the ground some higher that the yard, harmonized simply with the nature itself, without artificial touch added. The kid playing with a dog in the yard, after coming back from school is a contrast to others in a big city who are forced to study endlessly.

Koreans' Native House | 257

초가집이야기

1975. 08. 26 | 울산시 태화강변

상전벽해(桑田碧海)라 하드니 참으로 사람 사는 곳이 덧없이 변천이 많은가보다 이 사진은 울산광역시 태화강변인데 지금 이 곳은 아파트, 도로, 건물 등이 즐비하게 들어서 있으며 강 가까운 곳은 잔디가 심어져 있고 기타 체육시설 및 놀이 공원 등이 만들어져 울산 시민들의 쉼터가 되었다.

농부는 밭갈이하면서 보습에 흙 넘어가는 모습만 보면서 열심이다. 그 뒤에 퇴비를 뿌리는 농부 또한 바쁘다. 새참을 내온 것인지 아내는 투구 쓴 것처럼 생긴 원두막이 그늘을 만들어 주어 잠시 휴식을 취하고 있다.

시골에서 6~70년대 이전에 자란 세대들은 아버지가 들일 하실 때 막걸리 한 주전자와 밥 위에 얹어 찐 밀, 보리 개떡 한두 개를 어머니가 아버지 갖다 드리라고 하여 아버지한테 드리면 막걸리만 한두 사발 무명지로 휘휘 저어 잡수시고 밀 보리 개떡은 아들에게 주시던 그 아버지 모습들을 기억할 것이다.

저 멀리 아스라이 태화강 다리가 보이는구나.

Fickleness of things is a right phrase for this photo. The place is the bank of river Taehwa, Woolsan city. Now this vast field is replaced with apartment buildings, streets ad roads, buildings, recreation facilities, and parks, etc.

So much has been changed. The scene is reminiscent of good old days of one's youth who were born and raised in the rural places. Farmers are busy working on the field, with a woman resting under the lookout shed looking an ancient warrior's helmet. She brought for the snack. Mother would send her son to take some snack of Korean wine and some barley cakes to Father, but father drank only the wine, leaving the cake for his son, who already ate some before going out, contrary to the expectation of his Mother.

The Story of Thatched Houses

2013. 05. 13 | 낙원민속촌

이제 볏짚 두툼했던 초가지붕은 없어지고 기와나 슬레이트로 덮여 있어 자연 속에 숨 쉬던 옛 고향 집은 찾아볼 길이 없게 되었다. 세월이 흘러 흘러 어린 시절의 추억을 잊은 것을 안타깝게 여기는지 하늘에 떠 있는 흰 구름이 어딘지 밝지를 않다.

With the thick thatched roof houses disappeared, it is replaced with roof titles or slates. The old hometown houses are breathing in the Mother Nature are nowhere seen. A piece of white cloud in the sky looks rather gloomy as if it feels regretful at forgetting this sweet memories in chidhood. as days are fleeting by. (Village of Nakan folk castle)

초가집이야기

1987. | 영암군 시종면 옥야리

초가집을 안개가 감싸고 있는데 무궁화 꽃 역시 울타리 되어 집을 감싸고 있는 보기 드문 장면이다. 무궁화 꽃은 우리나라 국화(國花)이다. 아욱과의 내한성 낙엽 관목으로 꽃은 홀 겹, 반 겹 등으로 아주 여러 가지이고 꽃 색깔은 흰 꽃, 분홍, 빨강, 보라 등 다양하며 무늬는 여러 가지로 화려한 꽃을 피운다. 꽃이 7월부터 10월까지 100여 일간 계속 피므로 무궁화라는 이름을 가지게 된 것이다.

학명 : Hibiscus syracusl

The fog is hugging the thatched house, with mugunghwa lively surrounding the house, the scene of which cannot be seen in common. The mugunghwa is the national flower. Its flowers bloom in varied shapes, such as single, half double, and double, etc. with white, pink, red, and purple, etc. in color. mugunghwa means eternity in Korean, its flowers are in bloom continuously for 100 days from July to October.

Botanical name : Hibiscus syracusl.

The Story of Thatched Houses

1991. 11. 15 | 영암군 금정면 아천리

산 밑에 자리 잡은 초가집 늦가을에 초가지붕은 새로운 옷(이엉)으로 갈아입고 싸리 울타리로 둘러 있는데 출입문은 열려있다. 푸른 하늘에 떠 있는 흰 구름이 바람에 밀려 저 멀리 사라지고 지붕 양옆에 감나무 잎은 내년에 만날 것을 약속하고 다 떨어지고 잘 익은 감들이 주인의 수확을 기다리고 있다.
집 구조로 보아 꽤 잘사는 집으로 보이며 울타리가 잡목으로 둘러쳐져 잘 말라서 땔감으로 이용하면 좋겠구나.

A thatched house located at the foot of a mountain. The house is dressed up with new clothes(eeung), surrounded by a busy clover fence, with the gate opened. The white clouds in the blue sky is being pushed away by the wind, and the all of the leaves of persimmon trees on both sides of the roof were fell off, promising to meet again next year, with the well-ripen fruits are waiting for the owner to pick.

Koreans' Native House | 261

초가집이야기

1994. | 영화 태백산 중에서

촬영길에 우연히 상여 나가는 행렬을 만났다. 사람은 누구나 이 세상을 빈손으로 태어나서 수의 한 벌 달랑 입고 세상을 떠나기 마련이다. 사람이 죽어 시신을 운반하는 기구를 상여라고 한다. 오늘날은 영구차가 대신한다. 농촌에서는 초상이 나면 마을 사람들이 서로 협동해서 장례를 치르고, 또 상여꾼들이 되어서 노래를 부른다. 노랫말은 지역에 따라 다르나 메기는 소리에는 보통 "북망산천이 머다더니 내 집앞이 북망일세" 이제 가면 언제 오나 오실날이나 일러주오. 그리고 받는 소리는 "너허 너허 너화너 너이가지 넘자 너화 너" 등의 노랫말이 불러진다. 상여가 나가기 전날밤에 초경, 중경, 종경으로 나누어 예행연습을 한다.
(지금은 장례식장에서 장례를 치르니, 상여는 거의 볼 수 없다)

On the way to take a business trip, I came across a funeral procession. Every human being on the earth are born empty-handed and finally leaves this world wearing a piece of shroud. The term, Sanyeo, is a Korean term meaning funeral procesion. In the countryside of Korea, villagers volunteer to help and to hold a funeral and chant. Every region has its own different lyrics of chants. Genarally, the lyrics in caller group starts with the phrase, "Where on earth are you going to be buried. The varying place is right in front of my house. Now you are leaving, I wonder when on earth are you going to come back. Please let us know the date of your coming back!! And the lyrics in receivers' group," : Alas! Now go over the hills and mountains. Before the day of funeral to be held , the villagers put them into rehearsals the night before. (Nowdays, the conventional funeral procession is rarely seen.)

The Story of Thatched Houses

1987. 08. 05 | 영암군 적진면 영보리

뜰 방이 넓어서 마당이 2단으로 된 것처럼 보인다. 툇마루와 바로 아래 뜰 방에 고추가 널려 있고, 세 계단을 내려와 왼쪽 마당에 아낙네는 대로 만든 와상이 세월의 흐름에 닳이라도 하듯 몹시 지쳐있는 위에서 무엇인가 정리를 하고 있으며 뒤에는 대나무가 집을 에워싸고 있어 한층 집안 분위기가 짜임새 있게 보인다. 옛날 시골집들은 방으로 들어가려면 반드시 뜰 방에 고무신이나 짚신을 벗어 놓고 마루를 통하여 방으로 들어가야 했다. 방문이 모두 열려있는 것은 방 안 공기를 청정하게 하기 위함이다.

The yard looks double-leveled because the platform(ddolbang) is spacious. Hot peppers are spread on the wooden verandah and the under platform. Under the three steps, the yard is seen large, and a woman looking very tired is doing something, sitting on the bedstead. The bamboos are surrounding the house, which gives an well-arranged atmosphere. You had to take off shoes or straw shoes on the platform before going into the room.

초가집이야기

1990. 11. 14 | 남원시 주천면 덕치리 회덕마을

지붕도 사람처럼 때가 되면 옷을 갈아입어야 하는데 그러질 못해 몰골이 앙상하다 못해 군데군데 골이 파였는가 하면 푸른 이끼들은 옷 대신 입혀져 자라고 있다.
1~2년에 한 번씩 새로 지붕을 이여야 하는데 지붕을 이을 사람과 억새가 귀하여 몇 년째 새로 이엉을 해 얹지 못해 이처럼 모습이 초라하게 되었다.

Roofs, too, has to be changed with new clothing like man, but, the thatched roof looks unseemly shabby, even was creased up with time and tide with mosses growing up here and like being patched up. The thatched roof should be replaced every 1 - 2 years, but, I heard that it is hard to get hand and pampas grasses.

The Story of Thatched Houses

1990. 11. 14 | 남원시 주천면 덕치리 회덕마을

정에 약한 사람은 떠나는 계절에는 마음이 흔들린다는데, 나 역시 지난날 젊은 시절 사진 찍던 곳을 와보니, 나 역시 흔들리는 마음을 주체할 수 없구나!
이곳은 유형문화재로 지정된 샛집의 입구에 지난날에는 억새꽃이 머리에 바람을 이고 나를 반겼는데 지금은 억새꽃은 주인 따라가 버리고 그 자리엔 무성하게 자라 곱게 핀 코스모스가 가을바람에 살랑거리며 옛 주인 대신 손짓하며 인사 하는 듯하며 지붕 위에 나는 고추잠자리가 석양빛에 현란하다.
나도 이젠 고희에 접어들었으니 아! 무정한 세월, 오고 가는 세월이구나…

It is said that the heart of those who have feeble sentiments gets vulnerable when the season changes. I, too, can't know how to control my mind, visiting again the place where I used to shoot when I was a young reporter.
The flowers of pampas grass at the entrance of the house designated a intangible cultural assets used to greet me with the wind blowing over them. Now they are gone with the owner, instead, the flowers of cosmos in their richness gesture at me, blown softly in autumnal breeze. A dragonfly is flying reflected against the sunlight. I am in my early old age in the fleeting of time, too…

1990. 11. 14 | 남원시 주생면 상도마을

호랑이가 제일 무서워하는(?) 곶감은 떫은 홍시가 되기 전 말랑 말랑해지기 전에 껍질을 깎아 꼬챙이에 꿰어 걸 거라 또는 줄로 묶어 통풍이 잘되고 볕이 잘 드는 장소에 걸어 건조 시킨다. 감은 껍질이 두꺼운 것과 얇은 것이 있는데, 곶감용으로는 얇고 육질이 치밀하며 당분이 많은 봉옥, 미농 등이 좋으며, 완숙하기 전에 채취한 떫은 감이 곶감용으로 좋다.

곶감은 명절이나 제사 때 쓰는 과일의 하나로써 그대로 먹기도 하고 곶감에 호두를 싸서 곶감 쌈을 만들기도 하며, 수정과의 주 원료이기도 하다. 초가집 추녀 밑에 곶감을 말리면서 콩 타작하는 주인의 손길이 가을빛에 바쁘기만 하구나!

It is said that a tiger scares at dried persimmon(?) Dried persimmons are made in this way. First, they are peeled before their skin get soft and tender, and threaded in a skewer, and hung in a well-ventilating and sunny place. Dried persimmons are served at table on a national holiday or ritual service, and a main ingredient for sujunggwa(a fruit punch made of honey, dried persimmons, pine nuts and cinnamon).

The Story of Thatched Houses

1990. 11. 14 | 남원시 주생면 상도마을

곶감이 말라 가고 있는 장면이 오후의 햇살에 눈부시다. 그런데 곶감은 지금처럼 말랑말랑할 때에 먹으면 가장 맛이 있을 때이다.
콩을 베어다가 마당에 널어놓고 일손이 부족하여 아이에게 콩대를 두들겨 콩 타작을 하라고 하니 자기 또래들은 밖에서 신이 나게 놀고 있는 데에 정신이 팔려 일을 하는 둥 마는 둥 하고 있다. 콩으로 메주를 쑤어 그것을 짓이겨 네모 반듯하게 만들어 매달아 말려 그 이듬해 봄 간장을 담고, 된장을 만든다.

The persimmons are drying in the dazzling afternoon sunlight. This is the best time to taste them in the drying stage of getting soft and tender. A child is working on threshing beans absent-mindly. It looks that his mind went to somewhere of his peers playing. Probably, his mother made him do it, because of lacking helping hands. The beans are made in to the lumps of fermented soybeans to make bean paste and soy sauce for the coming year.

초가집이야기

잿간 : 거름이나 측간(변소)에 쓸 재료를 모아두는 헛간

부고(訃告) : 초가지붕 밑 변소 문기둥에 꽂혀 있는 이 것이 부고(訃告)로써 전화나 인터넷이 없던 시절에 사람이 죽으면 친척이나 친지 등에게 알리는 편지의 한 수단으로 이용되었다.
전통적으로 부고를 보내는 것은 상례의 한 예로써 보내야 할 사람에게 보내지 않으면 실례가 된다.
부고를 받는 사람은 대문 밖에서 펴본 뒤 대문의 추녀나 기둥 혹은 밖에 있는 변소 문기둥에 달아두며 그것을 절대로 대문(집)안으로 드려 놓지 않는 풍습이 있었다.
죽음에 대한 불길함과 재앙이 집안으로 들어오지 못하도록 하는 염려의 마음에서 그러한 풍습이 생겼을 것으로 생각한다.
우연히 변소에 매달린 부고를 보고 호기심에서 사진을 찍었지만, 지금은 매우 귀중한 기록 사진이 되었다.

Obituary : This obituary notice is inserted in the pole of the toilet shed. In old times, this is a communication tool to let relatives and villagers, etc. know. Traditionally, the obituary notice should be sent to those who must be informed a news of death. Those who were given the obituary opened the notice before they come in the yard of houses, maybe in order to chase away the evil spirit out of the house. This is a much valuable material feft.

Ash barn : a place where ashes are collected later to be used for compost or toilet shed.

1990. 11. 14 | 남원시 주천면

The Story of Thatched Houses

1990. 11. 14 | 남원시 주천면

인간은 농경 사회에서 소는 절대 필요하였다. 바꿔 말하면 농사를 짓기 위해서는 꼭 필요하다는 것이다. 농경사회를 거쳐 산업사회, 지금은 정보지식 사회 시대에는 소는 우리 인간에게 우유와 고기를 제공하는 역할을 하고 있다. 농기구가 걸려 있는 외양간에 빠끔히 열린 문에 소 얼굴이 반쯤 그늘에 가려 있다. 송판으로 지은 외양간이 매우 특이하다.

From the agricultural society, cows were indispensible farming livestock for human. And still, they are serving us with their milk and meat even thru the ages of industry and information up to now. farming tools are hanging on the wall of the stable, and the cow's face is hidden half in the shadow thru the gate. The stable is built with pine boards, which looks unique.

초가집이야기

1991. 09. 01 | 아산시 송악면 외암민속마을

버들강아지가 눈웃음을 치는 봄이 와, 쇠락한 초가집 앞 버드나무에도 물이 올라 그 잎이 푸르다.
집 텃밭에 풋풋한 마늘이 추운 겨울을 견디고 봄을 맞아 쑥쑥 자라고 있는 초가집 뒤 굴뚝이 한가 해 보이며 마늘의 겨울 이불로 덮어 놓았던 짚 검불이 봄이 와 날씨가 따뜻해져 한쪽으로 걷어져 있는 모습이 보기 드문 장면이다. 조금 있으면 햇마늘이 밥상에 된장 고추장과 함께 오르겠지!

Spring is setting in, and the willows in front of shabby thatched house get their leaves green. The fresh garlics in the kitch yard are in full after enduring the bitter winter cold, and the chimney behibd the thatched roof stands leisurely, the dry grasses of straw that covered the garlics for the cold weather were put aside, which displays a rare scene. it will be soon that the new garlics will appear at table with bean and hot pastes, too!

The Story of Thatched Houses

1998. 08. 31 | 영광군 법성면 용석리

아파트 문화가 정착된 현대에서는 상상도 할 수 없는 요강(오줌을 받는 그릇) 요분수기 라고도 하며 방안에서 주로 사용한다. 예로부터 오랫동안 사용해 온 생활용품이다. 주로 놋쇠로 만들었지만, 신분에 따라 도자기 등을 이용하기도 하겼고 모양도 다양했다. 신부가 가마 타고 시집갈 때에 그것을 가마 속에 반드시 넣어 가지고 갔다. 초가집 뜰 방 끝자락에 놓인 초록색 요강이 할아버지와 대비되어 시대를 잘 반영 해 주고 있다.
부엌문 앞의 나무 걸상에 앉은 할아버지의 모습이 너무도 진지하여 혹시나 집 나간 식구들을 기다리고 있는 것은 아닐는지 모르겠구나.

A chamber pot that cannot be thinkable in the modern times of apartment living. It is one of the long-used utensils of old life style in Korea. Most of them were made of brass, some of them of ceramic according to the social status of users with varied forms. A bride should carry one in her palankeen when she goes to her husband's house. The green chamber pot at the end of the platform is well reflecting the time in contrast with the old man.

Koreans' Native House | 271

초가집이야기

1987. 08. 05 | 여주시 돌산읍

산등성이 이곳저곳을 비가 와서 할퀴어 놓아서 또 여름 장마가 지면 항상 산사태의 위험이 도사리고 있는 조금 떨어진 곳에 초가집이 한 채가 너무 외로워 보인다. 밭 앞에는 옥수수가 자라고 있는 그 옆에 열무가 풋풋하게 자라고 있다.
그래도 이렇게 외롭게 보이는 초가집도 가족들이 오순도순 살고 있겠지. 또한, 행복하겠지. 그러면 됐지 무얼 더 바라겠소!

A thatched house looks too lonely, located at a dangerous place a little away from where some mountain ridges are seen landslided by heavy rain.
The corns in front of the field, are growing and beside them, young radishes are planted in green. I think, the thatched house is a sweet home for its family!

The Story of Thatched Houses

2014. 02. 03 | 안동시 성곡동 까치구멍집

까치구멍집 지붕 용마루의 양쪽 합각에 둥근 지붕이 있는 집. 공기의 유통을 위하여 낸 둥근 구멍이 까치둥지를 닮았다 하여 붙여진 이름으로, 이 구멍이 있는 집을 까치구멍집이라고 부른다. (안동시 성곡동 민속 마을)

A house with a round roof on the both gables of the ridge of the roof. The round hole made for the air ventilation resembles the magpie's nest, so, it is named after the nest. The house with this hole is called the magpie' nest hole house.

Koreans' Native House | 273

초가집이야기

2014. 02. 22 | 삼척시 환선동굴 굴피집

굴피집 : 굴피나무, 상수리나무, 삼나무 등의 두꺼운 나무껍질로 지붕을 인 집. 흔히 너와로 지붕을 이지만 그 재료인 적송을 구하기 어려울 때 굴피를 이용한다. 굴피는 습도에 민감하여 건조하면 바싹 말라 하늘이 보일 정도로 수축되어 통풍이 잘되고 비가 오거나 습도가 높아지면 이내 늘어나 틈새를 막음으로써 방수의 효과를 낸다. (삼척시 굴피집)

Oak bark roofed houses : This house is roofed with thick barks of oak trees, evergreen trees, and Japan cedar. Generally, this kind of house is roofed with barks of pine trees when they are hard to get. Being sensitive to humidity, they get parched enough for sky to be seen, generating good ventilation when dried, while being extracted. When it rains or humidity gets higher, it produces the water-proof effect, blocking gaps, as it stretches easily.

The Story of Thatched Houses

1987. 08. 05 | 여수시 돌산읍

푸른 하늘 뭉게구름이 지붕 위에 떠 있고 바람에 흔들리는 나뭇잎 사이로 들려오는 새소리 바람 소리에 무더운 여름철 돌로 쌓은 담벼락에 담장이 넝쿨과 빨간 장미 한 송이 더위에 지친듯한데, 그래도 어쩌랴 그것들이 서로 색(브색) 대비가 되어 아름답게만 보이는 것을…

The downy white clouds are hung leisurely in the blue summer sky over the thatched roof. Sounds of birds singing and the breeze through the swaying leaves keep coming in. The vines and a red blossom of rose on the stone fence look tired from the summer heat, but to me, what a beautiful match in a complementary color.

Koreans' Native House | 275

초가집이야기

1987. 08. 05 | 여수시 돌산읍

앞산에 안개가 자욱하게 내려 앉아있고 텃밭에는 수수가 무게를 못 이겨 고개를 숙이고 있는데 아주머니는 집안일에 바쁘기만 하다. 가을걷이하는 남편을 도우랴 학교 간 자식들의 뒷바라지 하랴 그래서 농촌 여인은 바쁘기만 하다.
이 집의 담장은 집에 들어오는 곳만 빼고 집을 뺑 둘러 담을 쌓아놓은 것이 퍽 특이하다. 어디서 이렇게 많은 돌을 주워 다가 허물어지지 않도록 정교하게 쌓아 놓았을까?
수수밭 옆 팥이 자기 깍지를 노랗게 물들이며 영글고 있구나.

The fog is wrapping the front mountain densely, millets on the kitchen yard are hanging down their head, and the woman is busy doing housework. Woman in the country are bound to help their husbands on the field, reaping for the winter, and looking after their kids going school, etc. The fence is surrounding the thatched house entirely altogether, which catches my eyes. I wonder where these many stones came from and how they built the wall so stably?

1987. 08. 05 | 영암군 덕진면 영보리

대문 밖에서 안채를 앵글에 담아본 모습이다.
대문에 달린 집은 문간채라고 하였으며, 문간채 대부분이 외양간과 방, 그리고 측간(변소) 겸 헛간이 지어져 있는 경우가 많다.

The main quarters is seen from outside. The room beside the main gate is servant's which is annexed with stable, barn, toilet shed.

초가집이야기

2007. 06. 10 | 낙안읍성

"보리밭 사잇길로 걸어가면 / 뉘 부르는 소리 있어 발을 멈춘다. 옛 생각이 외로워 휘파람을 불면 / 고운 노래 귓가에 들려온다. 돌아보면 아무도 보이지 않고 / 저녁놀 빈 하늘만 눈에 차누나."
10월 한로가 지나면 겨울 작물들을 심을 때에 보리나 밀을 심는다. 그리고 싹이 10여cm 자라면 겨울을 나고 6월 보리 망종 무렵에 이것들을 수확한다.

지금은 "보릿고개"란 말이 사라졌지만, 40년 전만 해도 우리 민족은 가난의 삶을 살아왔으며 아울러 지난날의 보릿고개는 말로 표현할 수 없을 정도로 힘들었다.

보릿고개란 보리가 패기 시작하면서 그것을 타작할 때까지를 말하며 가난한 농민들은 주인에게 소작료로 주고 나면 식량이 부족하여 햇보리가 나올 때까지 식량이 모자라서 풀뿌리나 나무(초목 목피)껍질로 끼니를 때우는 경우가 많았으며 그래서 보리가 익기 시작하면 그것을 꺾어다가 삶아 말려 맷돌에 갈아 죽을 끓여 먹기도 하였다. 이것을 일명 보리 풋대죽이라 한다.

지금은 보리농사는 수익성 때문에 거의 짓지 않고 있으며 보리에는 비타민 B1 B2의 함량이 많아 각기병을 예방하고 변비를 방지하며 소화를 순조롭게 해주는 장점이 있다. 현재 보리밥이 성인병에 좋다 하여 건강식으로 그것을 먹는 가정이 늘고 있다.

Barley or wheat are planted for the wintry season after the middle of October. When their shoots grow about 10cm, when the winter passes, and they are cropped in June. Way back in 1960's, there was a word, "barley hill" meaning "it is a season with shortage of food." It was beyond description to tell how hard it was for the poor farmers and peasants alike in the country to survive the period. It is well known nowadays that the barley belittled in the past has many kinds of nutriments especially to prevent adult diseases.

The Story of Thatched Houses

2013. 05. 15 | 낙안민속촌

소한, 대한 추위를 견디고 얼어붙은 땅속을 비집고 초가집 텃밭에 마늘이 꿈틀거리며 올라오는가 싶더니, 어느덧 튼실한 마늘 줄기에서 잎들이 넘실대며 그 몸 사이에서 쫑을 매듭지어 나오려 하는 사이사이를 병아리 떼가 어미 닭을 따라다니며 삐악삐악 합창한다.

Before one knows, the shoots of the garlic came out, split open the earth frozen by the severe cold winter after the seasonal divisions of Sohan and Daeghan. Their leaves rubber-necking so soon from the solid stalks, blowing in the wind. Among them, the chicks are singing "peep, peep" in groups, following their mother hen.

Koreans' Native House | 279

초가집이야기

1998. 08. 31 | 영광군 법성면 용덕리

오막살이 마루(와상) 위에 인생의 황혼녘에 접어든 노부부가 나란히 앉아 있다. 이때는 처녀 총각들이 서로 얼굴도 못 보고 부모님이 짝지어준 대로 검은 머리가 파뿌리 될 때까지 행복하게 살자고 약속을 한 것을 지키며 지금껏 서로 사랑하고 이해하며 살아왔으리라. 이제 자식들은 장성하여 부모의 둥지를 하나둘 떠나고 이제 노부부가 몸만 겨우 의지하고 살 수 있는 초가집이라도 애정과 금실만 좋으면 이보다 좋은 집과 삶이 어디 있으랴. 마당에 놓인 고무신과 벽에 서 있는 지팡이가 살아온 세월을 말해 주는 듯하구나…

An old couple stricken in years are sitting side by side on the bedstead of the thatched cottage. The old tradition is that a groom and bride couldn't see each other's face until married, forced by their parents. The couple might go though ups and downs of life, bound in love. Now their offspring were married off, leaving them. It wouldn't matter as long as they have their own dwelling, in deep love, The rubber shoes on the yard and a stick leaning against the wall look telling time and tide they have lived so far.

The Story of Thatched Houses

1990. 10. 26 | 완도군 보길도

돌담에 여러 가지 풀들이 자라 풀숲 같은데 그 담 안에 용마름만 보이는 초가집이 고요히 깊은 잠에 빠져 있는 듯하다. 섬마을에서는 태풍을 피하려고 담은 높게 쌓고 집은 낮게 짓는다.

Various kinds of grasses ar glowing on the stone fence, which look just like a grass forest, and the thatched house, whose ridge of roof is visible, seems to be half drugged with peaceful sleep. In the villages in islands, the fence are build high and the houses low to escape storms and gusts of typhoons.

초가집이야기

1990. 10. 26 | 완도군 보길도

보길도는 전남 완도군 노화읍으로 교통편은 목포에서 하루 1회 완도에서 3회씩 운항하며 1936년 병자호란 때 윤선도가 제주도로 가던 중 보길도의 자연경관에 매료되어 부용동에 연못을 파고 세연정을 세워 선유를 즐기며 불후의 명작인 "어우가" "어부사시가" 등을 남겼다. 부용동 정원은 전라남도 기념물 37호인 윤서도의 유적지이다.
나지막한 돌산중턱에 숨어 있는 듯 초가지붕이 보이는 것은 자연을 집 주변에 끌어들여 정원으로 만들어 놓았구나.

Bogil island, located at Nohwa-eup Wando-gun, jeonranam Province, can be reached from Mokpo 1 time a day, and from Wan island 3 times a day. This is the place where Yun, Sun-do, one of the greatest writer of Chosun dynasty, stayed, enjoyed the scenery and completed his long-cherished immortal works. Booyong-dong garden is designated as a substantial reminder No. 37 of jeonranam Province. The partially visible thatched roofs on the low stoney mountain looks like a part of the nature.

The Story of Thatched Houses

1987. 08. 05 | 영암군 덕진면 영보리

전국 이곳저곳 초가집을 찍으러 다녀 보면서 이처럼 멋있어 보이는 초가집은 매우 보기 드물었다. 왜냐하면, 한 뿌리에서 뻗어 나온 여러 갈래의 소나무(자연 정원수)를 집 중앙에 심어(?) 구도상으로 너무도 멋져 보여서 문간채의 처마와 소나무 그리고 초가집을 화면에 가득 채우고 약간의 푸른 하늘이 있어 더욱 더 보기에 좋은 사진을 찍을 수 있었던 것은 더 없는 기회였다.

This is one of the well-shaped thatched houses that can be rarely found across the country. It was a great chance for me to take the picture in which a multiply-branched-out pine tree is right in the center of the house, which is well matched with the entire thatched roof, with the blue sky filling the rest of the scene.

초가집이야기

1991. 11. 15 | 영암군 영산읍 영산동(나주시 영산동)

꽃피는 봄이 가고 푸름이 깃든 여름이 오는가 싶더니 초가집 주변 띠 풀과 함께, 신의 섭리는 참으로 오묘해서 모든 것들을 지붕과 함께 노랗게 물들여 놓았다.
어린이들이 불장난이라도 하면 금방 타 버릴 것 같은 마을 길을 걸어오는 농부가 무엇을 생각하고 걷는지 조심스러워 보인다. 땔감이 부족한 시절 누군가가 먼저 낫으로 풀을 베어다가 밥하고 국 끓일 때 땔감으로 띠 풀만큼 화력이 좋은 것도 드물다.
그런데 이 좋은 땔감을 왜 베가지 않았을까?

Time is passing so fast that autumn has stolen up on us. It was just like yesterday when spring came with flowers blooming and summer with its all greens. Everything has turned into yellowish specially on the thatched roofs. A farmer is stepping cautious paces, lost in though, along the road with various grasses of their rich colors on both sides, which look quick at bursting into flames.

The Story of Thatched Houses

1992. 10. 28 | 전북 부안군 변산반도

가을 햇볕이 따사로운 초가 지붕 위에 감들이 빨갛게 익어가고 있는데 어찌하여 감은 초가집을 향해 열려 있을가 싶다. 나뭇잎들이 무성하여 논이나 밭에 그늘을 만들면 주인이 논밭 위에 자란 나무는 잘라 버리기 때문이다. 왜냐하면, 모든 식물은 햇빛이 절대 필요한데 큰 나무들이 그늘을 만들어 위를 덮고 있으면 자랄 수가 없기 때문이다. 그래서 사람은 큰 사람 밑에서 자랄 수 있지만 큰 나무 밑에 나무는 자랄 수 없다는 속담이 있지 않을까 싶다.

Persimmons are mellowing on the sun-warmed thatched roof. Why are they facing the thatched house? The reason is that the owner cut the branches of trees, when they are thick, shading over the rice paddies and fields, should have more sunlight. There is an old saying goes, "A man can become great under influence of a great man, but a tree can't".

초가집이야기

1991. 11. 15 | 영암군 금성면

이 집은 지을 때 감나무를 그대로 놔두고 지었는지 벽 앞뜰 방에 감나무가 심어져 있는 것을 보면 옛날 사람들의 지혜에 경탄을 금할 수밖에 없다. 그런데 먼저 심어진 감나무에는 감이 많이 열렸는데 늦게 심은 감나무는 그렇지 못하다. 아마 마루에 놓인 호박이 젊은 감나무 보고 나이 든 감나무처럼 노력하여 열매를 많이 열리도록 할 것이지 여름 한 철 놀기만 하더니 그게 뭐냐고 나무라는 듯 보인다.

I can't help admiring at the wisdom of old people. The persimmon trees are in front of the platform fo the thatched house. A perfect picturesque scene! The more persimmons are hanging on the older tree that the other young one. To me, it looks that the pumpkins on the wooden floor is blaming for neglect of duty of the latter.

The Story of Thatched Houses

1991. 11. 15 | 영얼군 금성면 아천리

야산 나지각한 양지바른 곳에 제법 웅장한 모습어 반해 우측 감나무 가지를 조금 화면에 넣어 산과, 초가집, 감나무가 한데 어우러져 가을 정취를 물씬 풍기는 작품으로 승화하였다. 감은 뻐꾸기가 울고 꿩이 이산 저산으로 옮겨 다니며 을고 보리가 필 무렵 잎이 먼저 핀 다음 우유빛 꽃이 피기 시작하여 20여 일 지나면 도토리만 한 열매를 맺고 꽃잎은 떨어진다. 그러면 어린이들은 감꽃을 실에 꿰어 목걸이를 만들어 서로 목에 걸어주며 놀다 보면 어느덧 하루해가 저문다.
"감꽃 목걸이 만들어 목에 걸어주던 내 동무야 뉘 집, 뉘 가문에 시집가서 사느냐."

Attracted by the magnificent lowish scene on the sunny place on the low hillock, I tried to show the better view of hillock, the thatched house, and the partially-seen persimmon tree, in harmony in an angle, to give off an full autumnal flavor. With cuckoos and pheasants singing here and there, flowers of persimmon start to put forth their leaves and then milky flowers in the barley-bloom time, and their leaves fall in 20 days, after they bear fruits size of acorn. Kids thread them in to make a necklace.

Koreans' Native House | 287

초가집이야기

1991. 11. 15 | 영암군 금성면 아천리

이 초가집은 올해는 벼를 수확하자마자 지붕을 새로 해 이은 것처럼 깔끔하고 신선해 보인다. 마루에는 벼 포대가 놓여 있고 굴뚝이 있는 똘 방에는 호박덩이가 겨울을 준비하고 있으며 또한 보기 드물게 마당 가에 확독이 있고 그 옆에 우물이 있으며 마당은 많은 세월 빗물에 얼굴을 할퀴어 군데군데 뼈(돌)를 내놓고 있는데 끝물 고추가 그 위에서 가을빛을 받아 야위어 가고 있구나!

This darn-and-fresh-looking thatched house appears to have its roof replaced with new thatches right after harvesting. There lies a sack of rice plant on the wooden floor and the pumpkins on the platform where a chimney stands are ready for the coming winter. The yard where a rarely-seen well and jars are on reveals the small rocks and stones on its surface from weathering of raindrops for such a long time, with the hot peppers are withering in the autumnal sun!

The Story of Thatched Houses

1991. 1. 15 | 영암군 금성면 아천리

새 마을 사업으로 시멘트로 포장 한 길 위에 부직포 천을 멍석 대신 깔고 벼를 말리고 있다. 이처럼 벼를 말리는 것도 차의 왕래가 없었을 때 가능했지 지금은 말리고 싶어도 자동차 때문에 불가능하게 되었다.
지금은 농기계의 발달로 콤바인이 벼를 베어서 훑고 말려 포대에 담아 수매하고 찧어 식량을 한다.
초가집 앞길 따라 볏단들이 길게 늘어져 있는 도습들은 요즈음 가을에 구경하기 힘든 장면이다.

Thanks to the New Village Movement, the road is replace with cement and the atraw mat with a non-woven fabric on which rice grains being dried. Nowadays, combines cut the rice plants, sift, dry, and pack in sacks. The bundles of rice are placed along the the country road are fading away in our memory.

Koreans' Native House | 289

초가집이야기

1984. 09. 23 | 보성군 득량면

아마 태풍을 피하고자 지붕의 이엉을 새끼줄로 엮어 놓은 모양이 특이하여 여러 가옥의 지붕을 함께 찍었다.
우리나라 사람들은 가옥을 지을 때 마을 사람들이 서로 협동해 지었으며 또한 자연의 요소들을 집안에 어떻게 끌어들여서 배치하고 그것과 동화할 것인지 생각하였으며 자연을 인위적으로 변경하기보다는 있는 그대로 함께 어울려 생활하게끔 집을 지었다. 그러한가 하면 살기에 급급한 천민들은 몸만 겨우 의지할 집을 짓고 살기도 하였다.

It's an unique pattern to see that the thatched rooftop is bound with straw ropes, maybe, to escape the storm and gust of typhoon. All the villagers used to help among themselves to build their housing with a mind to introduce the best plan of how to arrange with nature. While, men of low birth built their shelter only to escape the rain and wind.

The Story of Thatched Houses

1975. 02. | 전북 순창군

지신(地神)밟기 음력 정초에 지신을 진압함으로 악귀와 잡신을 물리치고 마을의 안녕과 풍작 및 각 가정의 다복을 축원하는 벽사진경(辟邪進慶)을 목적으로 하는 신앙적 마을행사
(사진 : 마당굿을 하기 위해 가는 농악패들)

Treading on the spirit of terrain. It is a shamanist village event for repel ghosts and evil spirits in order to keep the well-being, abundant harvest, and great happiness of each household on the Lunar New Year. (Photo. Farmers' folk band on the way to perform an exorcism on the yard)

Koreans' Native House | 291

초가집이야기

1975. 02. | 전북 순창군

지신밟기는 꽹과리, 징, 북, 장구, 쇠납 등의 민속악기로 구성된 풍물을 선두로 소고패, 양반, 하동(洞童) 포수, 머슴과 탈을 쓴 각시 등이 집집마다 지신을 밟으면서 지신풀이 가사를 창하며 춤과 익살, 재주를 연희하는 것으로 마을의 지신에 대한 공연 놀이이다. (사진 마당굿)

Musical instruments of treading event includes those such as small gong, gong, and drum, etc. and its members acting the given roles, stands in an orderly row of men of nobility, village kids, gunners, farm servants, and maids wearing masks . They tread on the spirits of terrain of each house in the vilage, and chant lyrics of their own. accompanied with dancing, jesting, and performing skills.

The Story of Thatched Houses

1975. 02. | 전북 순창군

지신밟기패가 자기 집에 당도하면 주인은 주, 과, 포의 고사상을 차리고, 또 주식(酒食)을 대접하며 전곡을 성의대로 희사하면 그것을 모아 마을의 공동비용으로 사용한다. (사진 희사한 전곡에 촛불을 켜고 마당밟기를 하고 있다)

When the troup get to a house of a village family, its householder treats the with sacrificial food and drinks and donates money and grains. which is later used for the common expenses for the whole village (Photo. A trout is playing the treading performance with the candles on the donations.)

Koreans' Native House | 293

초가집이야기

1984. 09. 23 | 보성군 득량면

우리나라 전통 마을의 독특한 공간적 특징을 드러내는 요소 중 하나다. 큰 골목에서 어떤 집으로 바로 연결되는 것이 아니라 담장을 따라 길게 휘어져 돌아가야 비로소 집으로 연결된 대문이 나온다.

이 대문 밖에 있는 골목을 고샅이라고 부른다. 고샅이 있어서 외부로부터 집안을 곧바로 들여다보거나 갑자기 들어갈 수 없는 구조로 되어 있다. 골목 어귀에 머위대 두 무리가 탐스럽기만 하구나.

This is one of the factors to display the space characteristic of traditional villages of Korea. A wide alley doesn't lead directly to a house, but, a gate of a house is reached only thru a narrow back alley(Gosal) connected with the wide one. It is because one is not made to look into the house or blocked to step into the gate, maybe to protect one's privacy. The two butterbur at the corner of the alley look in full blossom.

The Story of Thatched Houses

1984. 09. 23 | 보성군 득량면

조그마한 동산 위에 실구름이 푸른 하늘을 배회하며 바람에 밀려가고 있는데 초가을에 벼가 누렇게 익어가는 가을인데 감나무는 잎이 푸르다 못해 싱싱하여 계절을 잊은 것은 아닐까 싶다. 사진을 찍으면서 초가집과 동산 나무숲 모양이 너무도 비슷한 것을 느끼며…

Thready clouds in the cobalt blue sky are loitering over the small hillock, being pushed by the wind, and it's autumn with the rice plants ripening in yellowish color. The green leaves of persimmon trees are so far as to look much refreshing. Maybe they are forgetting this is summer! The shapes both, the thatched house and the hillock look too similar…

1984. 09. 23 | 낙안민속마을

낙안읍성(樂安邑城]) : 전라남도 순천시 낙안읍 충민길 30에 있는 조선 시대 석축읍성.

둘레 1,385m. 사적 제302호. 현재 동, 서, 남 문지(門地), 옹성(甕城) 등의 시설이 남아 있다. 고려 시대 후기에 왜구가 자주 침입하므로 1397년(태조 6) 이곳 출신의 절제사(節制使) 김빈길이 흙으로 읍성을 쌓았다. 《세종실록》에 의하면 1424년 9월부터 토축의 읍성을 석축으로 쌓았으며 본래보다 넓혀서 쌓았다고 기록되어 있다. 1450년경에 석축으로의 개축이 거의 마무리에 이르렀는데, 이때의 둘레는 2,895척이고 성벽의 높이는 평지에서 9.5척, 높은 곳은 8.5척이었으며 여장(女墻)이 420개로 높이가 2.5척이었다고 한다. 이때는 옹성(甕城)이 없이 문이 세 곳이었고 적대(敵臺)는 12개가 계획되었으나 4개가 만들어졌다.

당시 성안에는 우물 2개와 연못 2개가 있었으며 성 밖의 해자(垓子)는 파지 않았다. 문의 보호시설인 옹성은 그 뒤에 설치되고, 여장도 무너진 다음 다시 수축을 거듭하여 오늘에 이르렀으나, 여장은 모두 붕괴되었다. 현재 남아있는 읍성은 체성(體城)의 축조에서나 적대를 갖춘 점에서 초기의 양식을 그대로 보여준다. 성의 낮은 구릉을 포함한 평지에 동서 방향으로 기다란 장방형에 가깝다.

성벽은 동문 터의 남쪽 부분에 가장 잘 남아있어 높이 4.2m 위쪽 너비 3~4m, 아래 너비 7~8m에 달한다. 성벽은 아래쪽에서부터 커다란 割石(할석)을 이용하여 쌓아올리면서 틈마다 작은 돌을 쐐기 박음하였으며, 위쪽으로 갈수록 석재는 작아지고 있다. 현존하는 조선 시대의 읍성들 가운데 가장 완전히 보존된 것 중의 하나이며, 특히 성 안의 마을의 전통적인 초가집과 기와집 일부가 면모를 그대로 간직하고 있어서 1984년부터 낙안읍성 민속 마을보존정비계획을 수립하여 연차적인 사업으로 그 보존을 위한 정비 사업이 진행되고 있다.

Nakan-eup castle : Designated No.302 historical site, is located at 30 Choongmin Rd. Nakan-eup Soonchun Jeonra South Province. According to the true royal records of kings of Joseon Dynasty, this castle was initially built with soil and mud in 1397(6th year) under the reign of King Taejo to protect the invasion of Japanese, and later, was started to be enlarged and replaced with stones from September 1424. The southern part of the wall of the castle around East Gate still remains. The wall is 4.2m high, 3-4m wide at the upper part and 7-8m wide at the lower part. It is one of the best-preserved town castles of Chosun Dynasty, especially, some of the tile-and thatch-roofed houses in the castle still maintain what they were in ancient times. Under the planning of preserving folk villages in Nakan-eup castle from 1984, the maintaining project is under going year by year.

1984. 09. 23 | 낙안민속마을

샘 : 땅에서 물이 솟아나오는 자리, 새암, 시암, 샘터라고도 한다. 남부지방에서 사람이 앉아서 뜨는 것을 흔히 샘이라 부르며 샘은 물을 뜨는 방법에 따라 쪽샘, 두레샘, 작두샘으로 나눈다. 쪽샘은 표주박이나 쪽박 또는 바가지로 퍼내는 얕은 샘으로 곳에 따라 이를 박우물이라고도 한다. 한 마을의 정자나무 주위가 남성의 공간이라면 샘은 여성 전용 공간이었다. 여성들은 샘에서 물을 긷는 것 외에 채소를 다듬어 씻고 빨래까지도 하였으므로, 이곳에서 머무는 시간이 비교적 길었으며 여인들은 샘가에 모여앉아 세상의 소문이나 마을의 소식을 주고받았고, 심지어는 어떤 집의 부부싸움 내용까지도 속살거렸다.

이 때문에 작은 다툼도 일어났지만 샘은 서민들의 작업장이자 휴식처인 동시에 사교장이었고, 세상 물정에 눈을 뜨는 교육장이기도 하였다. 샘은 대체로 마을 중심에 거의 있었고 고대부터 신성한 장소로 여겨져 왔다.

샘물 위에 바가지가 목마른 사람들을 기다리고 있다.

우물 : 음료수를 얻기 위하여 땅을 파서 지하수를 괴게 한 설비 (사진 우측 우물)

Spring : spring is a place where water comes up through the ground, which is called generally Sem, but, also called variously as, Saeam, Shiam, and Semter in Korean. Conventionally, Sem, usually located in the middle of a village, was an exclusive place for woman. A big tree serving as a shady resting place would be specially men, while a spring would gather village woman together to draw water, wash, clean vegetables, and exchange village new, hearing and making gossips, etc. because they usually stayed longer time. From which there were various small and big quarrels and scuffles. Sem served as a community workshop and resting place, too, to have people come to know about the world.

(Reservoir : containing underground water welled up thru the land dug up.)

초가집이야기

1984. 09. 23 | 보성군 득량면

이 집들은 보기 드물게 돌을 높이 쌓아 지었다. 그런데 우리 한국인은 집을 지을 때 자신의 주변에 흔히 있는 재료를 선택하였다. 이들 자연에서 얻은 재료들의 특징 중의 하나는 원상태로의 회복이 쉽다는 것이다. 이들 재료는 시간이 지남에 따라 소멸하거나 흔적을 남기지 않는다는 특징이 있으며 흙, 나무, 짚으로 구성된 초가집은 오랜 세월의 풍화를 견디지 못하고 아무런 흔적을 남기지 않고 그대로 사라지고 말기 때문에 친환경적이라 할 수 있다. 흙과 돌로 쌓아 지은 집 옆에 굴뚝 둘이 마치 사람이 거적을 둘러쓰고 눈만 빠끔히 내놓고 있는 듯하여 특이하게 눈길을 끈다.

This thatched houses have the rare-seen high-walled fences. Our ancestors used materials of fence that they could get from the near place. The merit of these materials is that they don't leave any traces of them, when are perished down. So, the thatched house made of mud, wood, and straw can be called environment-friendly. The chimneys on the stone wall draw my eyes.

The Story of Thatched Houses

1987. 08. 06 | 경암군 시종면 옥아리

이 집을 자세히 살펴보며 옛날 우리네 시골에서 하던 한 단면의 모습을 살펴볼 수 있다. 마당 위에 나물을 삶아 말리려고 널어 놓은 모습이 시골 풍경 그대로다. 집 마루에는 여름방학을 하여 또래들이 놀고 있는데 신발은 검정 고무신에 흰 고무신 한 켤레가 놓여있다.

그리고 문은 위아래만 창호지를 발라 놓고 가운데는 모기장을 쳐 발라 놓은 것이 매우 귀한 화면이다. 겨울에는 문에 유리조각을 넣고 발라 사람이 밖에서 부르면 누구인가를 그곳을 통하여 확인하기도 하였다. 이것이 소위 현대판 초인종 역할이 아닐는지.

A careful look in the thatched house reveals an aspect of our old life style in the country, such the boiled woods are being dried on the yard. This is summer vacation and village kids are playing on the wooden floor. Pairs of black and white rubber shoes are seen. Sliding screen papers are papered only upper and lower part of the door. the door used to have a small piece of glass put in the middle on it, so that it was served as a watching hole when people come close, especially in winter.

Koreans' Native House | 299

초가집이야기

1984. 09. 23 | 순천시 낙안면 성북리

시골 골목길의 전형적인 표본이다. 많은 비가 오면 이곳저곳에 내린 비가 한꺼번에 골목을 내려와 바닥을 씻고 내려가기 때문에 이처럼 길이 거칠어져 있다.
추석 명절 때 마을 사람들이 공동으로 길을 보수 작업을 하지만 여름에 비가 와 반복된다. 어린 남매가 노는 곳처럼 이곳저곳에 돌들이 널려있어 위험이 도사리고 있는데 아이들은 뛰어놀 장소가 없으므로 이런 곳에서 놀고 있는 것이다.
지금은 이러한 골목은 현대화에 밀려 없어졌지만 남매는 잘 자라서 우리나라에 필요한 사람이 되어 있겠지.

This is a typical scene of the alley in the country. Heavy rain left the ground rough seen here. Villagers get together to repair the alleys on Moon Festival Holiday, but, the surface of the ground is left the same as before by heavy rain in summer. Kids can't find any other place to play in, except for this. They might become worth their salt in the society.

The Story of Thatched Houses

1984. 09. 23 | 순천시 낙안면 성북리

비탈진 산자락에 층층으로 된 논배미들은 지금은 좀처럼 보기 힘들다. 이런 다랑이 논들은 거의 천수답이다. 천수답이란 하늘에서 비가 자주 와야 벼가 잘 자라고 날이 가물면 물 부족으로 수확이 형편없이 적다. 그것을 증명이라도 하듯, 이곳의 집이 오막살이 집으로써 몹시 옹색해 보인다. 지금은 중장비의 발달로 개간과 함께 경지 정리가 잘 되었으며 이러한 다랑이 논은 물론이고 천수답은 개량되어 벼농사 짓고 있는 곳은 거의 없어졌다.

The terraced rice paddies on the slope of a mountain can ge rarely seen these days, which depend solely on rainfall for water to be used for rice growing. As much as it proves, the thatched shack locks very hard up.

초가집이야기

1991. 11. 15 | 나주시 영산포읍

영암 어느 들녘 농촌 마을 초가집, 추수가 끝난 시골은 퍽 한가롭다. 초가집 옆에 교회가 새겨져 농촌 마을에도 복음이 전파되고 있구나.
"추수할 것은 많되 일꾼은 적으니 그러므로 추수하는 주인에게 청하여 추수할 일꾼들을 보내어 주소서 하라"는 성경 구절이 떠오른다.

This village field in somewhere in Youngarm looks peaceful and relieved from the busy harvesting. A church built in 1960's beside the thatched house tells the gospel has been preached in the rural villages. "There are lots of harvesting left with lack of working hands. Help me with my harvesting, and send me some hands." A verse in Bible occurred to me.

The Story of Thatched Houses

2007. 08 | 낙안읍성

20년의 세월이 흐른 지금에 와 낙안읍성 이곳저곳 구경하다 산등성이 넘어 흰 구름과 초가집들 앞에 7월의 태양을 받으며 연잎들이 자라고 있는 곳에 간간이 흰 연꽃이 피어 있어 카메라 셔터를 누르게 하였다. 연꽃의 꽃말은 "순결과 청순한 마음"이라고 한다. 연꽃은 진흙탕에서 피어나지만, 진흙에 물들지 않고 연꽃잎 위에는 한 방울의 오물도 머무르지 않는다고 한다.
불교에서는 부처님의 탄생을 알리는 꽃이라 하여 귀히 여기며 유학들은 그 청아하고 고결함을 군자의 모습이라 칭송했다고 한다.

Now, after 20 years passed, while looking on around Nakan-eup castle, I found this scene. in front of thatched houses over the mountain ridge and white clouds, lotus leave are growing in the sun of July. Lotus is said to mean "chasteness and purity". Though blooming on the mud, they are not tainted with it, and their leaves don't allow a drop of dirt stay on them. Buddhists cherish them, thinking they will herald the birth of Buddha.

초가집이야기

1989. 05. 30 | 제주도 서귀포시

세월이 가면 많은 것이 변하고 변한다. 이 사진은 제주도 서귀포의 한 어촌 마을의 35년 전 모습이다. 지금은 산업화에 밀려 흔적도 없다. 화면은 전형적인 제주도 초가집의 표본이다. 바닷가에서 틈틈이 가족이 먹을 수 있는 고기를 잡는 조그만 나무배가 한가로이 매여 있고 초가집 앞 장대엔 고기를 말리는 장면이 보인다. 지금은 찾아볼 수 없는 풍경이 아닐 수 없다 하겠다.

Time and tide makes many things changed. This is the scene taken 30 years ago in a fishing village in Seogui-po, which is completely replaced by modern-type buildings. The thatched houses here are the typical in juju-island. Small wooded fishing boats are leisurely seen, which may be used for fish for families, and a pole in front of e thatched is used for drying fish.

The Story of Thatched Houses

1993. 08 | 제주도 서귀포시

제주도 시골 초가집의 뒤뜰에 동자석(童子石) 한 쌍이 서 있다. 본시 동자석은 묘지의 돌담 울안의 좌우에 하나씩 마주 세워 두어서 묘를 지키고자 하는 후손의 정성을 나타내는 것이 이 고장의 풍습인데, 이 사진은 제자리인 묘지가 아닌 뒤뜰에 세워진 것을 보니 아마 이 집주인의 관심 있는 소행인 듯하다.

제주도는 기후가 온난하고 기온의 연교차도 적은 해양성 기후를 나타낸다. 그리고 7~9월에는 열대성 저기압(태풍)의 영향으로 많은 비가 내리고 있다. 비바람을 피하고자 자연을 이용해 안전한 집을 지은 곳 뒤뜰에 돌하르방이 부부인지 연인인지 보기에 따라 각기 다른 뉘앙스가 풍기며 감장이 넝쿨은 담장을 기어오르다 힘이 남아 지붕까지 오르고 있다.

Jeju Island is located southernmost, with mild climate of small annual change. It rains heavily by tropical cyclones from July to September. A pair of children statue stands on the back yard. Originally, they were put on the both, right and left side inside the stone fence of tomb, to guard it. Which is a token of descendants devotion toward the deceased. maybe, the house owner brought them into his house. The thatched house seen is well sheltered from the direct influence of the rain wind. A pair Harubang (a stone statues) looking like a couple or lovers is seen in the back yard. Vines climbing up the wall of the fence is putting forth their strength even up to the roof.

Koreans' Native House | 305

초가집이야기

1993. 08 | 서귀포시 색달동 해변

옛 조상들은 길지(吉地)에 터를 잡아 집을 지었다. 그것을 설명이라도 하려는 듯 능선의 마지막 자락 바닷가 평지에 게 등처럼 생긴 초가집들은 해풍의 영향을 적게 받기 위해 야트막하게 짓고 돌담으로 에워싸 놓았다. 그때의 생활상을 말해 주는 듯이 작은 배들이 휴식을 취하면서 출어를 기다리고 있다.
지금은 이곳의 변화된 모습을 말해 무엇하랴…

Our ancestors chose a good site of building houses. As if explaining it, the crab-back-looking thatched houses on the flat ground at the end on the seashore are lowly built and surrounded with the stone fence. The small fishing boats reating at the shore are waiting for fishing out. It is useless to say how this has been changed now…

The Story of Thatched Houses

1993. 08 | 서귀포시 색달동 해변

제주도 하면 바람, 돌, 여자가 많다고 한다. 돌은 화산 활동으로 인한 현무암이며 바람은 해상에 고립된 섬이어서 연중 바람이 많이 불고 흐린 날이 많은 다변성 일기이다.

그러면 왜 제주에는 여자가 많을까 하는 의문이 든다. 제주에는 섬이어서 남자들이 배 타고 고기잡이하다 풍랑을 만나 죽은 영향도 있지만, 전답이 부족한 관계로 여자들이 바다르 나가 힘든 물질을 하며 해삼, 전복, 소라, 미역 기타 등을 채츠하려고 밖으로 나돌아다니고 남자들은 집에서 노는 경우가 많아 육지 사람들이 제주도에 와보니 남자들보다는 여자들이 밖에 많이 있으니 이것을 보고 제주에는 여자가 많다고 지금까지 알려져 오고 있다.

Juju Island is known for three things, ; the constant-blowing wind, the many stones, and many women. The island doesn't have enough rice paddies and fields, so, people largely depends on seafood to live on. males engage in fishing, and quite a few of them fell victim to accidents at sea, decreasing their numbers, which forced females to dive for trepangs, abalones, turban shells, and brown seaweeds, etc. to make a living. Women were mainly in sight outdoors, while men stayed indoors

Koreans' Native House | 307

초가집이야기

1989. 09. 30 | 서귀포시 표선면 표선민속촌

널뛰기는 긴 판자의 한가운데에 짚단이나 가마니를 둥글게 말아 밑을 괘고 양 끝에 한 사람씩 올라서서 마주 보고 번갈아 뛰는 놀이로써 주로 설, 추석, 단옷날 등에 즐기는 여자들의 대표적인 놀이로 담 넘어 총각을 훔쳐보기 위해 널을 뛰었다는 속설이 있다. 특히 여성들의 신체 단련에 도움을 주는 체육적인 의미도 있으며 또한 여인들이 신년을 맞아 널뛰는 모습은 생명력을 약동시키는 상징이며, 정초 풍경이 빚어내는 우리나라 특유의 아름답고 생기 넘치는 놀이이다.
이 장면은 특이하게 한복을 입은 준 총각들이 널을 뛰고 있다. 저 만치서 누이인 듯한 처녀가 널뛰는 준 총각들을 바라보고 있다.

Seesawing is a play in which two persons jump in turn standing at end on a long plank with packed roll put in the middle underneath on it. It is a typical play for females on the special holidays in Korea. It is traditionally said that female did seesawing in order to steal a look at bachelors over the fence. It mainly played a role of exercising specially for female. The scene of playing it high in the sky on the first day of new year is a literally vitality itself. It's unique young boys is playing it in this photo.

The Story of Thatched Houses

1939. 09. 30 | 제주시

제주에는 "정주석"과 "정낭"을 설치해 대문을 대신 했다.
세 개의 구멍 뚫린 "정주석"을 올려 양옆에 하나씩 세우고 정낭인 긴 통나무 세 개를 걸쳤다. 정낭은 집 주인과 방문객과의 암묵적인 약속 체계이기도 했다. 정낭이 한 개만 걸쳐 있으면 주인이 잠깐 외출한 것으로, 두 개가 걸쳐 있으면 조금 긴 시간 외출했다는 신호로, 세 개 다 걸쳐 있으면 주인이 온종일 출타 중이라고 알았다.
제주에는 삼무(三無)로 대문, 도둑, 거지가 없다 한다.

The gate of a house in Jeju Island was replaced by "Jungjuseok" (a pole for putting on a log) and "Jungang" (a long log). Two poles with 3 holes on each stand at both ends of entrance, and long logs are put on between the holes. This is a tacit understanding between and visitors and the house owner. One log stretched means the owner's short absence, two longer, and three for a whole day. They say the island doesn't have gate, stealer, and beggar.

초가집이야기

1989. 09. 30 | 제주시

정주석을 만들어 구멍을 3~4개 뚫어 놓았다. 거기에 상수리나무나 느티나무 등 통나무를 이용해 정낭을 만들었다.

돌하르방은 수호신적 기능, 주술 종교적 기능, 위치 표시의 의미를 가졌으며 돌 하르방은 원래는 성문 앞에 쌍으로 세워졌던 것이 일반적이었는데 일부는 여러 형태로 만들어져 집 앞에도 하나씩 세워지기도 했다.

집 앞에 가슴에 손을 얹고 서 있는 돌하르방의 의젓한 위용(偉容)을 보고 바람이 왔다가 놀라서 피해 달아나겠다.

A millstone : It is a milling-stone device. Grains are milled while a horse or ox pulls a vertically-standing small round stone rolling on the top of larger flat, round stone. Every village of over 30 households used to have one in Jeju Island. It was usually made and maintained by the villagers, financed by mutual financing system. It was an indispensable farming tool to bind the harmony of them, too.

The Story of Thatched Houses

1992. 08 | 제주시 아라동 탐라목석원

연자매(研子) : 둥글고 판판한 돌판 위에 그보다 작고 둥근 돌을 옆으로 세우고 이를 말이나 소가 끌어 돌려 곡식을 찧는 연장으로써 제주도에서는 대체로 30가구 이상이 사는 마을에 한 틀식의 연자매를 마련하였다. 보리와 조가 주식인 이곳에서는 연자매가 필수적인 농기구였으며 개인이 소유하는 경우도 없지 않으나 대부분은 공동으로 제작하고 계를 조직하여 관리 운용하였다. 계원이 아닌 사람이 방아를 찧을 때에는 사용료를 받아서 수리비로 썼으며 계원들은 방아일 뿐 아니라 상을 당하거나 집을 짓거나 묘소를 수리하는 경우에도 쌀 따위를 부조하는 아름다운 관례가 있으며 제주도의 연자매 계는 농가 생활을 영위하고 마을 사람들이 화합하는 데 없어서는 아니 될 수단이기도 하였다.

A millstone : It is a milling-stone device. Grains are milled while a horse or ox pulls a vertically-standing small round stone rolling on the top of larger flat, round stone. Every village of over 30 households used to have one in Jeju Island. It was usually made and maintained by the villagers, financed by mutual financing system. It was an indispensable farming tool to bind the harmony of them, too.

Koreans' Native House | 311

초가집이야기

1992. 08 | 제주시 아라1동 탐라목석원

북제주군 하가리의 마을 방아계의 좌목을 보면 기본금 한 냥씩을 모아서 이자를 놓아 상을 당하였을 때 곡식을 부조하며, 방앗일이 바쁠 때에는 선착순으로 찧고 방아를 고치는데 게으른 사람은 출자금을 돌려주지 않은 채 축출시킨다는 내용이 있다. 이제는 역사 속으로 사라지고 없으나 이처럼 기록 사진으로만 볼 수 있게 되었다.

한때는 방아를 찧기 위해 곡식을 실어 나르던 구루마(수레)가 연자매 지난날을 반추하며 그 모습이 초라하게 녹슬어 가고 있다.

The policy of mutual financing group of Haga-ri, North Jeju county says that the members should pay a basic one "Nyang"(a unit of old Korean coinage) regularly to yield interests for providing with things for a funeral and milling grains in turn at harvest and should repair the broken mills. Those who violate it are kicked out with no returning money invested. A wagon that was used to carry is placed by a millstone.

The Story of Thatched Houses

1989. 09. 30 | 서귀포시 표선면 표선민속마을

앞뒷집이 별로 경계가 허술 한 걸로 코아 서로 큰집 작은집 인 듯 보이는 집 부근을 촬영 소재를 찾아다니가 담장 위에 닭 두 마리가 데이트라도 하듯이 걷고 있는 것을 발견하고 경계심 많은 닭 눈에 띄지 않도록 멀리서 장초점 렌즈로 순간 포착하였 다. 우리네 토종닭을 제주도에서 찍을 수 있었음은 나에게는 더 없는 기회이었다.

The two houses are separated with negligently low fence, maybe families of an old and young brother live in them, each Two roosters came in my sight, walking on the top of the wall, dating. Being careful not to be noticed, myself and using a long-range lens, I snapped it. It was fortune for me to be able to take the picture of indigenous roosters

초가집이야기

1989. 09. 30 | 제주시

돌 울타리를 쌓고 나지막한 지붕을 새로 이고 바람에 날리지 않도록 띠 풀로 엮어낸 초가집 모습이 제주의 상징이다.
제주에는 삼다(三多)로 여자, 돌, 바람이 많다고 일컬어지고 있듯이 바람을 막기 위해 현무암 돌로 돌담을 쌓아서 집도 보호하고 밭 가에도 쌓아 농산물을 보호하기도 한다.
제주도의 현재 집 앞 푸른 바다가 많은 관광객을 부르고 있다.

The low-thatched house, its roof bound crisscross not to be blown off by the wind, also with the stone walls of fence symbolizes one characteristics of Jeju Island. The stone fence made of basalt not only protects the house but also guards the fields, surrounded around them. The blue sea in front of the thatched house lures many tourists, now.

The Story of Thatched Houses

1989. 09. 30 | 서귀포시 표선면 표선민속마을

아이들은 마루에서 여럿이 모여 즐겁게 놀고 있는데 마당의 여인은 집안일에 바쁘다. 또한, 마당 가에 옹기그릇들은 뚜껑이 덮여 있지 않고 엎어져 있는 걸로 보아 빈 항아리들이다. 서정주 시인은 그의 시 "기도"에서 "이 빈 항아리에 모진 광풍을 두시든지, 몇 마리 나비를 두시든지, 물을 반쯤 드시든지 주의 뜻대로 하소서" 하였다.
세상이 참 많이 변했나 보다 간장, 된장, 고추장, 젓갈류, 짱아지 등으로 옛날 같으면 가득가득 담아져 있을 터인데 장독대 항아리들이 모두 비어 있으니 말이다.
인간이 빈 항아리처럼 마음을 비우고 살기가 힘든가 보다.

Some kids are playing on the wooden floor, while a woman is busy doing her housework. Some pots on the yard are upside down, without covers, which means they are empty. Things may have been changed a lot, ad it was that they were filled with soy sauce, bean paste, hot pepper paste, and salted sea foods, etc. full to the brim in old days. When will it be people live, emptying their mind?

초가집이야기

1989. 09. 30 | 서귀포시 민속마을

엄마 소가 배가 부른 것을 보니 꼴(풀)을 많이 먹었나 보다. 그래야만 송아지가 배부르게 젖을 먹을 수 있다. 요즈음 한우와 수입 소고기에 대해서 말들이 많은데 이 소가 한우의 표본이다.

지난날 한우라 하면 여름에 풀을 먹이고 겨울에는 풀 말린 것이나 짚을 썰어 쌀겨나 보리를 섞어 쇠죽을 쑤어 먹였는데 요즈음 우리 농촌에서는 풀이 많은 여름에도 사료를 구매해다 먹인다. (사료 값이 비싸져서 소 값이 오르기도 하지만)

소 엉덩이에 시커멓게 묻어 있는 것은 쇠똥이다. 이렇게 묻어 있는 것은 겨울에 외양간 바닥에 짚이나 마른 풀 따위를 자주 넣어주지 않았기 때문이다.

The mother cow looks full and her calf is sucking at her milk. The cow shown here is a typical-looking Korean cow. Before, Korean cows used to be fed with grass in summer, and with a dried grass or gruels of beans and straw mixed and boiled in winter. What are stuck looking black on the rump is dung, which is because the straw or dried grass on the floor of the stable was not regularly changed for a clean.

The Story of Thatched Houses

1981. 08. | 순천시 주암면 백록리

뜨거운 성하(盛夏)의 햇살이 사정없이 내리쬐는 계절에 짚더미 옆의 큰 황소 옆에, 숫돌에 낫을 가는 영감님 옆에서 멍멍이가 무료함을 달랜다. 지난날 시골에서는 낫의 용도는, 풀과 나무 기타 등등에 매우 다양했 다. 낫의 날이 무디어 지면 숫돌에 갈아서 날을 세워서 이용하였다. 일정 시간이 지나면 대장간에서 담금질하여서 이용하곤 하였다. 지금 신세대들은 그 의미를 모르겠지.

On a broad daylight with the sun shining violently, a bowwow by an old man sitting by an ox beside heaps of straw, grinding a sickle on the whetstone. In the country side of the days past, the sickle was variously used for cutting grass and trees, etc. When its blade gets blunt, it should be sharpened again before using. It used to be tempered in a blacksmith's shop after a certain period of time. new genaration may not know about the sickle.

초가집이야기

절구통과 절구공이 / 맷돌

1999. 03. 03 | 춘천시 우두동

맷돌 : 곡식을 갈아서 가루로 만들거나 물에 불린 곡식 등을 갈 때 쓰는 도구 중의 하나이다. 곰보처럼 얽은 둥근 넓적한 2개의 돌을 위아래로 겹쳐놓고 아랫돌의 중심에 박은 중쇠에 윗돌 중심부의 구멍을 맞추어 회전시키게 되어 있으며 판 윗돌에 구멍을 파 갈 것을 넣고 돌 옆에 수직으로 붙어있는 맷손을 잡고 오른쪽으로 돌려서 간다.

지금도 농가에서는 콩, 팥, 녹두 등을 타거나 두부를 만들기 위해 콩을 갈 때 이 맷돌을 이용한다.

절굿공이가 토끼 귀처럼 놓여있는 절구통이 마치 달나라에 토끼가 방아 찧는 모습을 연상케 한다.

A millstone : It is used to grind various grains for cooking foods. Two wide, round stones whose porous surfaces are rough are overlapped one another by setting at the pivot of upper stone and gudgeon of lower one.

One pushes in the grains to be grained into the hole on the upper stone, and turns it to the right, holding the handle set vertically. Two pestles in the mortar look like ears of rabbit, which brings the pounding image of rabbits on the moon in a Korean tale.

편집후기

이일로 작가의 작품세계

지금부터 30여 년 전 이일로 작가께서 KBS 기술본부장 재직 시 만나 대화 중 작가님은 어째서 다 쓰러져 가는 "초가집" 사진만을 찍느냐고 말했더니 지금은 이런 사진만을 찍는 나를 조금은 이상하게 생각들을 하는데, 그 이유는 세월이 조금 흐른 다음 이해할 거라고 말하며 앞으로 고희(古稀) 때에 그동안 찍어 왔던 초가집 사진들을 모아 작품집을 펴내겠다는 말을 하였는데, 어느 날 방문하셔서 고희 때 초가집 작품집을 발간 한다는 말 기억나느냐고 하면서 주옥같은 500여 점의 작품들 중 220여 점을 엄선하여 "초가집과 대화"를 발간하여 국내외에 좋은 반향을 불러일으켰다.

금번에 "위인들의 초가집" 생가와 "한국영화 80년 속의 초가집" 그리고 "6.25전쟁 속의 초가집" 사진들을 모아 "초가집 이야기"란 작품집을 증보 발간케 되었다.

이일로 작가의 작품 사진들을 볼 때 얼핏 보면 비슷한 초가집의 소재로서 단조로움을 느낄 것 같지만, 작가의 눈을 통해 영상화(映像化)된 작품들은 '초가집' 주변의 논과 밭, 들 풍경, 나무, 바람, 구름 등을 끌어들여 서로 잘 조화를 시켜 보는 사람들의 눈을 즐겁게 해주고 평화로움과 위안을 그리고 아늑히 잊었던 고향(故鄕)에 대한 노스텔지어〈Nostalga〉를 일깨워 주는 듯 어느새 우리 곁에 친근하게 다가온다.

또한, 작가의 사진에는 요란한 색채와 무늬가 없으므로 눈을 현란하게 하는 유혹은 못 느끼지만, 어린 시절을 시골에서 자란 사람들은 "초가집"에서 서로 부대끼면서 살았던, 누구나의 마음속에 간직하고 있던 추억들을 조용히 그리고 정답게 손짓할 뿐이다.

작가는 모든 일에 솔선수범하고 늘 나타내기를 싫어하는 모든 것들이 작품에서 그대로 나타난다. 또한, 자칫 소멸하여 없어질 뻔한 초가집들은 미래를 보는 혜안으로 40여 년간 찍어온 작품 한 점 한 점을 후세들이 보고 아! 우리 옛집의 생활들이 이랬구나 하고 한 눈으로 조명하여 배울 수 있도록 농촌 생활과 풍물들에 대한 해박한 지식으로 해설 글을 게재한 자료로서 매우 귀중한 기록사진이 아닐 수 없다.

2014. 3월
한국사진문화원 원장 조연조